Marion Delana

Engel – Hautnah

Von Engeln und Meistern spürbar geleitet

AF286118

*E*in bisschen über mich:

. . . *ich bin 1962 geboren und interessierte mich schon seit meiner Jugend sehr stark für außergewöhnliche Heilmethoden, Naturmedizin, fremde Kulturen und die dazu gehörenden Phänomene. Nach meiner Ausbildung zur Reprographin tat sich wieder der Wunsch auf, mehr über die verschiedensten Heilmethoden und ihren Hintergrund zu erfahren. So kam es dazu, dass ich diverse spirituelle Kreise besuchte, Unmengen von Büchern verschlang und dabei eigene praktische sowie spirituelle Erfahrungen zum Thema Heilung sammelte. Dabei hatte ich das Glück, dass ich von Eberhard Anwander, einer außergewöhnlichen Seele begleitet wurde. Er war mir mit seiner langjährigen Erfahrung als psychologischer Therapeut und Ausbilder von Medien im Umgang mit der geistigen Welt, ein guter Mentor und Freund.*

Hinzu kamen weitere Erfahrungen in den Bereichen Meditation und Seelenreisen sowie eine Ausbildung zum Heilpraktiker für Psychotherapie. Als ich dann die Autobiographie eines Yogis von Prahamahansa Yogananda in den Händen hielt, taten sich neue spirituelle Erkenntnisse und Erfahrungen auf. Ich betrat eine für mich neue Welt und wurde mit dem Meister Babaji, konfrontiert.

Es folgten weitere Seminare, wobei mich im Besonderen, der Lehrgang Interaktiver Balance nach und durch Andrea Schnell bereichert hat. Ein Kurs zur Strukturierung und Aktivierung des mentalen und emotionalen Potenzials der Seele. Aus all diesem entstand für mich eine ganz neue Einsicht in das Leben, seinen Sinn sowie die geistigen Dimensionen, mit denen unser Leben verbunden ist. Seit dem Jahr 2000 bin ich in spiritueller Lebensberatung sowie dem Coaching im Umgang mit heilenden Frequenzen tätig, um dieses Wissen weiter zu vermitteln.

Marion Delana

Engel – Hautnah

Von Engeln und Meistern spürbar geleitet

Eine Unterweisung, um mit Engeln und Meistern spürbar in Kontakt zu treten und sich einer anderen Dimensionsebene über das Dritte Auge zu öffnen. Diese geistige Verbindung hilft, Lebenswege und schwierige Situationen besser zu verstehen, bewusst zu meistern und in Selbstbestimmung zu leben.

Dabei steht die Thematik, des Erweitern unseres Bewusstseins, am Anfang jeder spirituellen Selbstverwirklichung.

2010 **Marion Delana**

2011 2. Auflage

Herstellung und Verlag: **Books on Demand GmbH,**

Norderstedt

Alle Rechte liegen beim Autor

Grafik: Marion Delana

Seitenlayout: Jutta Peters

ISBN 978-3-8391-2416-1

Bibliographische Information der Deutschen Bibliothek:

Die Deutsche Bibliothek verzeichnet diese Publikation in der Deutschen Nationalbibliographie; detaillierte bibliographische Daten sind im Internet über http://dnb.ddb.de abrufbar.

Inhalt:

Vorwort:

Himmlische Erfahrungen machen, endlich befreiter leben, das Gefühl haben bei Entscheidungen nicht mehr allein zu sein, wer hätte das nicht gern? Zu wissen das jemand da ist der zuhört, einen begleitet und auf den richtigen Weg durch diesen Dschungel von Gefühlen und Ängsten leitet war mein Wunsch.
Und dieser ist mittlerweile Wirklichkeit geworden!

Dazu reicht meist ein kleiner Anstoß, eine Berührung der Engel, um unseren Weg in die richtige Richtung zu leiten und so wieder in innere Harmonie und Heilung zurückzukehren. Sie, die Engel, sind die kleinen Helfer die schnell bereit sind auf Wünsche einzugehen um größeren Notlagen vorzubeugen. Gleichzeitig veranlassen sie uns, die wahren Werte und Ziele des Lebens wieder zu erkennen.

Aber um diese Berührungen zu spüren und unseren Geist auf die Engel einzustellen, müssen wir uns ihnen in Liebe öffnen. Gleichermaßen verhält es sich mit den geistig aufgestiegenen *Meistern.* Diese Meisterseelen wirken leitend, um das Bewusstsein aller geistig nach oben strebenden Seelen zu erweitern. Diese, durch ihr höheres Bewusstsein in andere Dimensionen aufgestiegenen Seelen sind immer für uns da, um bei allen Fragen des Seins weiter zu helfen.

Die Engel, aus dem griechischen *Angelos* kommend, werden seit ewigen Zeiten als göttliche Boten bezeichnet. Doch sie erfüllen weit mehr als diese eine Aufgabe.Engel sind in verschiedene Hierarchien, alle mit individuellen Aufgaben, eingeteilt. Und je nach Berufung und Entwicklungszustand der menschlichen Seele sind jedem Einzelnen unterschiedlich viele Engel zugeteilt.

Diese Lichtwesen, die nicht menschlichen Ursprungs sind, warten mit höchster Geduld darauf, dass wir mit ihnen in Verbindung treten. Sie begleiten uns selbst dann, wenn wir nicht an ihre Existenz glauben. Dabei halten sie sich zunächst im Hintergrund und warten auf den passenden Moment, endlich unser Leben zu bereichern. Öffnen wir uns ihnen, nehmen sie die von uns ausgesendete Gedanken und Worte, die auf wichtigen und ernst gemeinten Hintergrund basieren, auf. Sie überbringen diese Nachrichten der passenden Stelle und Ebene, im geistigen Reich.

Zu diesen Stellen gehören höhere Engelsgruppierungen, geistige Führer, bis hin zu den aufgestiegenen Meistern. Dort werden alle von einer Seele übermittelten Botschaften und Bitten auf ihren Gehalt hin abgewogen. Je nach schwere der Übermittlung kann dies zu einer Veränderung der persönlichen Lebensmatrix, also eines Astes vorgegebenen Zukunftsmöglichkeiten führen. Genauso kann es sein dass diese Menschenseele von nun an noch stärker in die Prüfungen des Geistes einbezogen wird, um die Reife für die Erfüllung dieser Bitte zu erlangen.

Dabei werden die von dieser Botschaft unterrichteten Engel, Führer sowie Meister werden fortan beginnen, das Leben dieses Menschen mit Bewusstsein und einer ständig wachsenden Intuition zu bereichern. Dies geschieht von nun an solange, wie ein Kontakt von der menschlichen Seele gewünscht ist. Es führt bis hin zu einer innigen und spürbaren Verbindung zu Engeln und Meistern.

Aus diesem Kontakt zu den Meistern, der nur – durch Liebe und Achtsamkeit allen Lebewesen gegenüber – fruchtbaren Boden findet, kehrt jede Seele schließlich wieder in die Ganzheitlichkeit zurück.

Mit dieser Ganzheitlichkeit ist eine erweiterte Sichtweise, über Sinn und Zweck des Lebens, gemeint. Der Status eines höheren Bewusstseins wird erreicht. Dieser verleiht der Seele von nun an nicht nur das innere Wissen, sondern auch das geistige Sehen und eine starke Persönlichkeit. Verbunden ist dies, mit dem Gefühl einer unbeschreiblichen Geborgenheit, welche spürbar durch Engel und Meister erfahren werden darf.

Dieses Buch ist zum größten Teil durch die Eingebungen der Engel und Meister sowie durch die Erlebnisse, mit meinem „vermeintlichen" Schutzengel, entstanden.

Der wahre Schutzengel nutzte den Kontakt zu meiner Großmutter, die sich auch nach ihrem Heimgang noch für mich einsetzte, und so für eine vorbestimmte Zeit als *dritter Schutzengel* fungieren durfte.

Dabei wurde meine Aufmerksamkeit für das Leben in anderen Dimensionen geweckt und hat mich auf einen ganz besonderen Weg des Erwachens geführt.

Diesen Kontakt zu den Engeln und Meistern können Sie selber spürbar erforschen und daraus resultierende Ergebnisse erkennen. Die dazu gehörenden geistigen Techniken sind Visualisierungsübungen, Atemtechniken und das Wissen um körpereigene elektromagnetische Felder.

Mit diesen aufgezeichneten Erfahrungen möchte ich jedem – den Engeln zugeneigten – Leser einen Weg vermitteln, um mit Hilfe unserer geistigen Freunde, tiefere Erkenntnis in die wichtigsten Bereiche unseres Daseins zu erlangen.Dazu gehört vor allem Harmonisierung und Heilung der Seele.

* * *

Durchsage von:

Erzengel Metatron, medial empfangen am

15.06.09:

Öffnet endlich eure geistigen Augen, sprecht mit

uns, entdeckt eure Hellfühligkeit, haltet uns eure

Hände entgegen und lasst euch in Liebe von uns

führen. Erkennt die wundersame Kraft der

Schöpferenergie - getragen von unseren

Strahlen.

Ich Metatron, der ich bin durch die Hand Gottes

* * *

I. Wie alles begann

Ganz bewusst beginne ich hier mit den Erlebnissen die mein Leben in Richtung der Engel geprägt haben. Denn durch diese Erlebnisse ist bei mir, wie bei vielen anderen Menschen auch, der Durst nach der Wahrheit, nach dem Wissen über eventuelle andere Dimensionen und den damit verbundenen Geschöpfen entstanden.

Es sind Fragen zur Realität dieser Wesen, Fragen nach den verschiedenen Formen der Engel und dem Bereich ihres Wirkens. - Hat jeder Mensch einen Schutzengel? Entspringt dieser einer menschlichen oder kosmischen Linie?

Und hier vermischen sich die Grenzen zwischen der sichtbaren Realität, physikalischen Gesetzen sowie den Erkenntnissen der Quantenphysik, welche immer noch als Thesen abgetan werden.

In den Medien würde man sagen: „Hier betreten wir die Twiglight-Zone." Aber jeder wahrhaftig diesem Thema aufgeschlossene Leser hat es selber in der Hand, mit den hier vorgegebenen Anleitungen, selbst himmlische Türen aufzustoßen.

Aber ich will Ihnen keine Märchen erzählen, sondern Sie an der Realität der Engel teilhaben lassen.

Die Geschichte meines dritten Schutzengels

Immer war dieser Engel für mich da, ich habe es nur nicht gewusst – aber geahnt und gewünscht

Es fing damit an, dass ich während meines 23ten Lebensjahres einen geliebten Menschen verlor, der mich bis dahin begleitet hatte. Trotz inneren Wissens war es unfassbar für mich, dass diese Stunde gekommen war. Ich wollte es nicht glauben, dass die geliebte Person mich verlassen hatte. Nicht einmal zur Trauer war ich fähig, denn in meinem Inneren lebte sie weiter.

Es war die Frau, bei der ich den größten Teil meiner Kindheit verbracht hatte. Sie war eine dieser *Adoptivomas*, immer für mich da, als meine Eltern aus beruflichen Gründen wenig Zeit für mich hatten. Sie war es, die mich Abend für Abend während meiner Kindheit ins Bett brachte, sich um mich sorgte, für mich kochte und mir von Gott erzählte. Von einem Gott der alles sieht und weiss.

Dann kam der Moment, der sie hinüber ins Geistige Reich führte. Hinüber in die andere Dimension, in der wir in unserem geistigen Körper – nach meinem Wissen, weiterleben.

Seitdem waren da sehr intensive und klare Träume, die mich des Nachts erreichten. Wenn ich morgens aufwachte, wusste ich für einen Moment nicht mehr, was Realität und was Traum war. Ich musste mich erst wieder orientieren.

Denn nur wenige Augenblicke zuvor, im Traum, war ich ganz intensiv mit ihr zusammen gewesen. Und obwohl alles diesem geistigen Ort etwas anders aussah als in der Realität, war ich mir sicher, meine Großmutter war noch am Leben.

Teilweise war ich so durcheinander, dass ich mich nach dem Aufwachen schämte sie solange nicht besucht zu haben. Bis ich dann – ganz wach geworden – wieder einmal feststellen musste, dass alles nur ein Traum war.

Eine Woche nach ihrem Heimgang hatte ich ein sehr intensives Erlebnis: Nachdem ich eines Abends eingeschlafen war, fand ich mich kurz darauf in einem Wald wieder. Ich erschrak. Denn meine Großmutter lag mitten auf dem Weg vor mir. Sie lebte, war aber völlig entkräftet. Ich fühlte mit ihr und wollte, dass sie zu Kräften kam. So nahm ich sie auf meine Arme und trat auf eine helle Lichtung, deren Sonnstrahlen uns jetzt völlig umgaben. Über allem lag noch der morgendliche Nebel. Während ich mit ihr auf den Armen weiter ging, fühlte ich unter mir den weichen, feuchten Wiesengrund.

Der Nebel lichtete sich. Milchig und golden schimmerte das Licht um uns. Sie war in einfaches, grobes Leinen gehüllt. Auch ich hatte nur ein schlichtes weißes Baumwollkleid an. Ich wusste nicht, was uns hier erwartete und suchte nach Hilfe.

Da entdeckte ich am anderen Ende der Wiese ein klosterähnliches Gemäuer in einen Fels gehauen. In dem rotbraunen Fels waren schiefe Fenster und Türen, ohne Glas und Holzrahmen eingelassen. Alles sah in diesem weichen goldenen Licht vertraut und einladend aus; ein wundervoller Ort der Ruhe. Mit meiner Großmutter auf den Armen ging ich auf dieses Gemäuer zu. Auch von dort strahlte uns ein helles Licht entgegen, denn die Sonne war höher gestiegen und wärmte die Felsen. Ich legte Großmutter Elsbeth in eine der großen Fensternischen. Da trat ein Mönch in einer mittelalterlichen Kutte auf mich zu, sah mich an und sprach: „Wir kümmern uns jetzt um sie, aber du musst gehen!"

Mit einem Gefühl von Abschiedsschmerz, Liebe und Zufriedenheit wachte ich auf. Noch ahnte ich nicht, dass durch diesen Traum über die Seele meiner Großmutter – die erste bewusste Verbindung zur geistigen Seite der Engel hergestellt wurde.

Unsere geistige Verbindung gelang durch die so genannte karmische Schnur, die eine unsichtbare Verknüpfung, zwischen den Seelen bildet. Diese Schnur, ähnlich eines durchsichtigen und festen Schlauches sorgt dafür, dass die Verbindung zu geliebten Menschen, nicht abreißt. Genauso verbindet sie Seelen auch über den Unfrieden und Hass. Damit trägt diese Schnur dazu bei, dass verbundene Seelen auch in weiteren Inkarnationen zusammen finden und ihr Karma erfüllen.

In der nächsten Traumbegegnung fand ich mich in einem gänzlich futuristischen Hochhaus wieder. Angekommen in einer feudalen, luxuriösen Lobby, wähnte ich mich anfänglich auf einem Kreuzfahrtschiff. Die Decke war mit gewaltigen Kristall-Leuchtern ausgestattet, die ein angenehm weiches Licht streuten.

Eine großzügige Wendeltreppe führte nach oben. Ich hätte auch den Lift nehmen können, entschied mich aber für die Treppe um einen Blick auf die vielen Flure mit ihren Aufenthaltsräumen, Restaurants und den dahinter liegenden Appartements zu erhalten. Nachdem der Schwindel erregende Aufgang hinter mir lag und ich durch viele, wie von Sternen erhellte, Säle geeilt war, fand ich meine Großmutter. Sie saß dort zusammen mit anderen Frauen an einem reich gedeckten Tisch. Ein Stuhl an diesem Tisch schien noch frei zu sein. Hatte sie auf mich gewartet? Ich trat an den Tisch und begrüßte sie.

Ein freudiges, überraschtes Lächeln lag auf ihrem Gesicht und sie fragte: „Was machst du denn hier?" Ich wollte mich zu ihnen setzen, doch sie verbot es mir und sagte: „Du darfst dich nicht setzen, denn du hast hier noch nichts zu suchen und musst sofort wieder gehen!"

Sie schickte mich tatsächlich weg! Schweren Herzens verließ ich sie. Wie ich später erfahren sollte, waren dies erste Verbindungen mit der geistigen Welt über die Traumebene.

Von nun an trafen wir uns häufiger im Traum. Doch wenn ich morgens aufwachte, war ich jedes Mal verwirrt und dennoch glücklich, weil ich nun immer stärker an eine Existenz nach unserem Sein glauben konnte. Monate vergingen, aber immer wieder musste ich an meinen mutmaßlichen Schutzengel und unsere Erlebnisse im Traum denken.

Das nächste Erlebnis mit meiner Großmutter hatte ich im Frühjahr darauf. Denn endlich, nach einer Arbeitslosigkeit, hatte ich einen Arbeitsplatz in Aussicht der mir zusagte. Am Tag des Vorstellungsgesprächs betete ich wieder zu unserem *Vater* und genauso inständig zu meinem *vermeintlichem Schutzengel* Elsbeth, dass dies doch nun endlich klappen möge. Gleich danach machte ich mich mit klopfendem Herzen auf den Weg und hoffte, diese Stelle zu bekommen.

Unerwartet fühlte ich mich leicht und beschwingt. Ich hatte das merkwürdige Gefühl, als gingen zwei Personen neben mir. Sie hakten sich bei mir ein um mich zu stützen. Dabei schien die seelische Last auf meinen Schultern an Gewicht zu verlieren. Was war nur los? Ich schien zu schweben, und doch sah ich, wie meine Füße den Boden berührten. Das Gefühl gestützt zu werden wurde intensiver.

Dann war es, als würde ich emporgehoben. So etwas hatte ich noch nie erlebt. Die eben noch gespürte Unruhe fiel gänzlich von mir ab. Mich durchströmte ein Glücksgefühl.

Beim späteren Vorstellungsgespräch konnte ich so ganz ruhig und sicher auftreten und nach zehn Minuten stand fest, dass ich diese Stelle bekam.

Wem hatte ich dies zu verdanken? Hatte tatsächlich jemand meine Bitte erhört? Oder war alles nur ein Zufall? Heute weiß ich, dass es keine Zufälle gibt!

Alles ist geplant und geführt. Auch wenn diese Führung manchmal über Umwege, resultierend aus Unkenntnis, stattfindet. Das für uns vorgesehene Ziel und die damit verbundene Lebensaufgabe kann um so schneller erreicht werden, desto mehr wir auf diese Führung vertrauen. Dabei kann sich die geistige Führung durch das Leben in unterschiedlichen Variationen auswirken.

Bei einem seelisch in sich ruhenden und gefestigten Menschen, geschieht dies über die innere Stimme. Bei einem anderen über das innige Gebet. Beim Nächsten über das Erleben der inneren Ruhe und Verbundenheit durch Meditation. Durch diese Arten der Hinwendung, erfährt die Seele nicht nur Antwort sondern auch Lösung.

Dennoch zählt, trotz einer vorgegebenen und mitgebrachten Lebensaufgabe, auch unser freier Wille. Das bedeutet, dass für jede freie Entscheidung die uns von dem eigentlich vorgegebenen Lebensplan fortführt, erneut ein Plan, ähnlich einem Computerprogramm, bereits geschrieben ist.

In diesem Netzwerk, dieser Matrix, aus vorab geplantem Weg sowie den frei gewählten Entscheidungen, wird dennoch jeder dieser Wege unweigerlich zu dem einen, längst vorbereiteten, Ziel geführt. Dabei ist mancher Pfad etwas länger, der andere kürzer und dafür steiniger.

Und all diese geistig vorgegebenen Planungen sind nur dafür gedacht, uns mutiger und bewusster werden zu lassen. Diese Prüfungen des Lebens, sind geschaffen um das *wahre Leben*, welches sich hinter einem Schleier unseres Verstandes versteckt, endlich zu verstehen. Es sind die himmlischen Helfer, die uns auf diesen Pfaden helfen nicht zu stolpern und schneller voranzukommen.

Aber nur, wenn wir den Kontakt zu ihnen wünschen und ihnen mit gebührendem Respekt entgegenkommen. Dann sind sie erreichbar. Doch Engel treten nicht nur in geistiger Form auf.

Auch hier auf Erden sind viele so genannte Engelswesen inkarniert. Diese sind vom Wesen her Engel, und doch stammen sie aus der Linie der Menschen. Somit sind sie den gleichen materiellen, irdischen Werten und Regeln unterworfen wie alle Menschen. Diese Seelen wissen oftmals nicht, dass sie zu den Engelswesen gehören. Dabei wundern sie sich oft über die teilweise schwierigen psychologischen als auch körperlichen Prüfungen, die sie hier auf Erden über sich ergehen lassen müssen.

Diese schwierigen Lebensumstände haben mit ihrer zusätzlich aufgebürdeten Lebensaufgabe zu tun. Sie verrichten diese Aufgaben, trotz aller Schwere, mit größter Hingabe. Im Gegensatz dazu stehen die mitgebrachten karmischen Aufgaben. Diese karmischen Aufgaben genauso wie Lasten hat sich die Seele meist aus Untaten, üblen Nachreden, sowie Gier und Leidenschaften in einem vorherigen Leben, in den Lebensplan hineingewebt. Natürlich gibt es dabei auch die positiv erworbenen Aspekte, die sich in diesem Leben erleichternd auf die jeweilige Seele auswirken.

Die Engel dagegen, haben im Allgemeinen nichts mit dem Menschlichen gleich, außer der ihnen von der Schöpfung vorgegebenen Bestimmung. Die Engel des Schöpfers sind Wesen von denen jedes für sich, einer speziellen Bestimmung zugeordnet ist.

Für diese himmlischen Geschöpfe gibt es nichts anderes, als ihrer Bestimmung nachzukommen. Dabei verfolgen sie nur den ihnen vorgegebenen Weg und lassen sich nur selten, von unvorgesehenen *Notfällen,* unterbrechen.

Dann gibt es da noch die so genannten Schutzengel, von denen wir ständig hören, dennoch viel zuwenig wissen. Jede menschliche Seele bekommt auf ihrem Erdenweg ein bis zwei von diesen Schutzengeln, je nach Seelenverfassung, an die Seite gestellt.

Einer dieser Engel wacht über die Seele, der andere über den Körper. Schutzengel kommunizieren mit ihren Schützlingen über die Intuition und dem dazu gehörigen Gefühl. So helfen sie die passenden Entscheidungen an einer Gabelung des Lebensweges zu treffen und warnen uns vor kritischen Situationen. Genauso können sie mit der ihnen innewohnenden energetischen Strahlkraft helfend eingreifen.

Mit diesen kraftvollen Farbschwingungen können sie Blockierungen auflösen und uns schützend einhüllen, wenn es die Bestimmung zulässt. Sofern die Intuition einer Person aber durch ein zu hohes Ego blockiert ist, oder der Geist sogar durch Drogen verwirrt, fehlt den Engeln oft die Möglichkeit des Zugriffs.

Manchmal darf uns, wie schon erwähnt, noch ein *dritter Schutzengel* begleiten. Dieser gehört nicht zu den Engeln, sondern zu den Seelen unserer heimgegangenen Verwandten und Bekannten.

Diese uns liebenden Geistwesen sorgen sich um uns und kommunizieren mit den Schutzengeln sowie unseren geistigen Führern. Dadurch helfen sie uns, den irdischen Weg zu ebnen. Sie begleiten uns immer nur für einen Augenblick, eben nur solange, bis sie ihren eigenen Weg im Geistigen fortsetzen müssen.

Auch die geistigen Führer und Meister haben sehr viel Menschliches an sich. Denn schließlich haben sie selbst viel Zeit auf Erden als Mensch verbracht.

In diesen Inkarnationen auf Erden wurden sie hinsichtlich der Reinheit und Ganzheitlichkeit ihrer Seele, vielen Prüfungen unterzogen. Dabei wurden sie soweit gefestigt, dass sie reich an Erfahrungen, im tiefen Gefühl der Liebe zur Schöpfung sowie in Verständnis zu uns verankert sind.

Das Wesen der aufgestiegenen Meister ist geprägt von *Vergebung, Erkenntnis* und *Gerechtigkeit* im geistigen Sinn, entsprechend den Gesetzen der geistigen Welt. Dabei widmen sie sich mit ganzem Herzen und Freude dem Dienen und Führen der ihnen zugewiesenen Menschen.

Um diesen Aufgaben gerecht zu werden und uns in Liebe und Erkenntnis zu leiten, nutzen sie die geistige Kommunikation über unsere *drei Körper*, welche wir kurz zusammengefasst unter dem Begriff Intuition kennen.

Da der Begriff Intuition, den dahinter liegenden wichtigen Vorgang der Erkenntnis Findung nicht widerspiegeln kann, werde ich näher auf dieses wichtige Thema eingehen.

Bei den drei Körpern handelt es sich um drei ineinander verschmelzende Körperhüllen, wobei der sichtbare Körper von zwei weiteren unsichtbaren, aber dennoch frequenziell spürbaren Körpern, umhüllt ist. Jedem dieser Körper ist eine besondere Funktion zugeordnet.

Alle diese Körper wiederum haben eine eigene Aura, welche die Trennung von den anderen Körpern darstellt. Im Innersten all dieser Körper sitzt ein Kern. In diesem Seelenkern sitzt unsere dauerhafte und damit ursprüngliche Persönlichkeit, *die Seele.*

Der Kern der Seele beinhaltet die Erfahrungen aller Inkarnationen, die wir durchlebt haben. Es ist unsere Chronik, die von den Blockierungen unserer neuen irdischen Erfahrungen meist zugeschüttet ist. Selbst unser grobstofflicher Körper ist umgeben von einer physischen Aura, die dem Körper angepasst ist und auch als *Ätherischer Körper* bezeichnet wird.

Unser physischer Körper wird erneut von einem feinen schwingenden Körper, dem Gefühlskörper oder auch Astralkörper, umgeben. Er ist für unsere Empfindungen und unsere Psyche zuständig. Wiederum wird er von einem sehr hoch schwingenden Körper, dem Mentalkörper, umflossen. Dieser ist für die geistige Entwicklung sowie unsere Vorstellungskraft, einfach für jeden Gedanken, zuständig. Dabei durchdringen sich diese Körperhüllen kontinuierlich, um sich miteinander auszutauschen. Von hier aus wird alles,

was von außen über die Kommunikation oder das Visuelle sowie das Gefühl zu uns fließt,
weitergeleitet zum höheren Selbst, welches mit unserem göttlichen Ursprung und der Bewusstwerdung in Verbindung steht.

Aber nicht nur wir Menschen, sondern auch die Säugetiere bestehen im irdischen Sein aus mehreren Körpern. Je nach Entwicklungsstand der Tierart, gibt es hierbei Unterschiede in der Anzahl ihrer Körper. Der Großteil der Säugetiere besteht aus physischem Körper, einem Emotionalkörper, und ist zusätzlich mit einer Art Band aus Gedankenmustern umgeben.

Dieses Band ermöglicht es den Tieren, einfache Gedankenverknüpfungen und Schlussfolgerungen durchzuführen. Diese Ummantelung der meisten Tiere ist dennoch dabei sich stetig zu erweitern, so dass sich auch hier im Laufe der Evolution ein vollständiger Gedankenkörper entwickeln kann.

Nur wenige Tiere wie z.B. Delphine, Gorillas und Elefanten besitzen einen voll ausgeprägten Gedankenkörper.

Zusätzlich zu den uns umgebenden Körpern sind wir mit energetischen Wirbeln, den so genannten Chakren, ausgestattet. Diese bilden die Verbindung zwischen den Körpern.

Die Chakren für hellsichtige Menschen, als wirbelnde Energieräder sichtbar sowie spürbar, dienen der Kommunikation dieser Körper untereinander. Sie leiten von außen kommende Botschaften durch die drei Körper hindurch. Dabei filtern sie diese Nachrichten – je nach Priorität – nach vorgegebenen Mustern aus alten

Erinnerungen, Zielsetzungen, Moralvorstellungen und Ängsten der Seele. Diese Filter geben dem Körper, je nach von außen kommender Nachricht, ein Gehör und verbinden sie dadurch mit unserem Gefühlskörper.

Bei einem blockierten Filter zum Beispiel, weist der Gefühlskörper diese Nachricht zurück in den äußersten Körper, den Gedankenkörper, auch Mentalkörper genannt.

Der Filter des Mentalkörpers merkt sich daraufhin die Zurückweisung des Gefühlskörpers und stuft diese Nachricht als uninteressant zurück. Bei erneutem Eintreffen von ähnlichen Informationen werden diese nicht mehr als wichtig eingestuft und eventuell überhört.

Um das nachzuvollziehen stellen Sie sich vor, dass eine Person Sie anruft, von der Sie in einer vorangegangenen Zeit sehr enttäuscht wurden. Nun gibt es zwei Möglichkeiten:

a. dass Sie diese Person ganz aus ihrem inneren Gefühlsbereich verbannt haben und dass dadurch der außen vorsitzende Gedanken- und Mentalkörper dem Zustandekommen eines Gespräches gleich den Riegel vorschiebt. Das passiert, indem der Filter um den Gefühlskörper diese Nachricht nicht mehr mit ihrem Gefühl verbindet und Sie das Gespräch ungerührt annehmen sowie beenden können.

b. dass Sie immer noch vom Schmerz darüber besetzt sind, und diese Nachricht über den Mentalkörper ungehindert, ohne Filter, weiter in den Gefühlskörper fließt und Sie vielleicht sogar in Tränen ausbrechen.

Möchten Sie sich von der Existenz dieser weiteren Körper sowie der Chakren selber spürbar überzeugen, so empfehle ich Ihnen als erstes die Übung zur Aktivierung der Hellfühligkeit.

Warum ich nicht mehr an Zufälle glauben konnte

Bei all diesen Ereignissen habe ich viel über Zufall und ungewöhnliche Kräfte nachgedacht. Natürlich stellte sich mir auch die Frage, ob unsere Seele unsterblich ist?
Da ich mir nicht vorstellen konnte, dass meine Großmutter mich tatsächlich verlassen hatte, war das für mich eine einleuchtende Vorstellung.

Und dann traten wieder die so genannten Zufälle in mein Leben: Es war Sommer und unsere Katzen konnten sich jetzt hinterm Haus mit dem Erforschen der Natur vergnügen. Ganz besonders unserem großen, rot getigerten Kater Teddy gefiel das. Des Abends allerdings war er für gewöhnlich wieder zurück um sich sein Futter abzuholen und sich dann an meinem Fußende wohlig schnurrend einzurollen. Doch diesmal tauchte er auch nach drei Tagen nicht wieder auf. Ich war sehr bekümmert darüber und kam ins Grübeln.

Was musste ich tun, damit er zurück kommt? Ich hatte schon die ganze Umgebung nach ihm abgesucht, als ich mich an die Geschichte mit der neuen Arbeitsstelle erinnerte. Wie und was hatte ich damals gebetet? Wie betet man überhaupt richtig? Da mir nichts Besseres einfiel, betete ich das Vaterunser, soweit ich es noch in Erinnerung hatte. Zusätzlich bat ich um Hilfe von all den geistigen Wesen, den Engeln und im Besonderen natürlich von meiner Großmutter, in der Hoffnung irgendwie erhört zu werden.

Mit Tränen in den Augen bat ich, man möge mir helfen, den Kater zu finden. Unerwartet schnell wurde ich in meinem Gebet unterbrochen, denn ich hörte ein Klopfen an der Fensterscheibe. Erst vorsichtig, dann eindringlicher und bald wurde es zu einem Trommeln.
Ich sah hoch. Konnte ich meinen Augen wirklich trauen?

Ein Glücksgefühl durchströmte mich. Da stand unser großer Kater und bat schnurrend und trommelnd um Einlass! Sein Fell war mit braunem Paketband verklebt. Hatte sich da jemand einen bösen Scherz erlaubt? Oder war der Kater in eine Abfalltonne geplumpst? Nun jedenfalls, konnte ich überhaupt nicht mehr an Zufälle glauben.

Ich war überglücklich gebetet zu haben, denn offensichtlich war dem Tier dadurch die Kraft verliehen worden sich selber zu befreien und sein Leben zu retten. Mein Gebet war erhört worden. Langsam wurde mein Leben immer interessanter.

Das, was um mich geschah, machte mich nachdenklicher. Ich fing an, alles mit anderen Augen zu betrachten. Scheinbare Zusammenhänge zwischen den Zwiesprachen und Bitten, die ich an die geistigen Wesen richtete, wurden immer erkennbarer.

Als ich in den Wochen darauf an meinem Arbeitsplatz saß und in einer ruhigen Stunde vor mich hin träumte, spürte ich eine zarte Berührung am Kopf. In Sekundenschnelle war ich hellwach. Was war das? Mein Haar fühlte sich an, als wäre es statisch aufgeladen, dabei war es kein unangenehmes Gefühl.

Was hatte ich da gespürt? War vielleicht jemand bei mir? Hatte ein geistiges Wesen etwa meine Gedanken gelesen? Oder war es meine Großmutter, von der ich immer noch vermutete, dass Kontakt zu ihr bestand?

Mein Kollege jedenfalls hatte nichts bemerkt und arbeitete ruhig vor sich hin. Nun begann ich zu überlegen. Woran hatte ich gedacht, als ich dieses Streicheln spürte? Ich hatte gerade von einer glücklichen Zukunft geträumt. Und nun, kaum dass ich mich erinnerte, war es wieder da. Diesmal fühlte ich das sanfte Streichen über Nacken und Schulter.

Gleich darauf wurde meine Aufmerksamkeit von einem anderen Phänomen angezogen! Das Kopiergerät sprang an und kopierte, obwohl keine weitere Person den Raum betreten oder auch nur in der Nähe gestanden hatte.

Der Raum selbst war von einer geistig-arbeitsamen Ruhe erfüllt. Lediglich der Kopierer ratterte und surrte, während ein grüner Strahl aus dem Gehäuse blitzte und zusätzlich auf die Betriebsamkeit des Gerätes aufmerksam machte. Mein Kollege und ich starrten erstaunt auf das Gerät und sahen uns fassungslos an.

Der Vorgang wiederholte sich noch einmal, dann war es vorbei. Sollte das eine zusätzliche Bestätigung für meinen Glauben sein? Es war 1988 und von der Technik her kaum denkbar, dass dieses Gerät ferngesteuert wurde.

Die Jahre vergingen, und ich konnte immer mehr die Zusammenhänge zwischen Traum und Realität sowie unsere ausgesandten Gedanken erkennen.

Zusätzlich aber bohrte in mir ein tiefes Verlangen, das *Warum* zwischen diesen Geschehnissen zu ergründen. Was gab es dort noch, außer unserer materiellen und sichtbaren Welt? Ich spürte, dass da noch etwas anderes sein musste.

So reihten sich viele Ereignisse aneinander, bis ich über eine Meditationsgruppe, die sich unter anderem mit *Geistiger Heilung* befasste, dazu ermuntert wurde, mich mit Meditation zu beschäftigen. In der Gruppe erklärte man mir, dass dies ein Weg sei, um neue Kraft und Heilung aufzunehmen.

Doch dass es nur funktionieren wird, wenn unser Glaube sowie die Vorstellungskraft von einem geheilten Körper in

Einklang gehen. Auch die Seele eines großen schon verstorbenen Meisters wäre anwesend.

Dieser Meister würde für die Menschen zwischen Erde und Himmel vermitteln, erzählte man mir. Ich sah den Aussagen mit einer gehörigen Portion Skepsis entgegen, war dennoch gespannt darauf, was auf mich zukam.

Es waren wunderbare aber auch ungewöhnliche neue Gefühle und Erfahrungen, die ich durch diese Meditation erfuhr. So etwas hatte ich noch nie erlebt! Ich durfte nicht nur innerlich sehen, ich durfte es auch fühlen.

Vorab wurde mir eine einfache Meditationshaltung beigebracht, um die höheren Energien aufzunehmen. Dabei sollte ich die Augen schließen, abwarten und erleben. Also schloss ich meine Augen und wartete. Kurz darauf durchströmten meinen Körper die eigenartigsten Gefühle. Ein Kribbeln zog durch meine Hände, die Schultern wurden schwer. Was war das? Dann hatte ich das Gefühl an den Händen gefasst zu werden, danach ging ein Kribbeln durch meine Füße.

Nach dieser Meditation veränderte sich vieles in meinem Leben, denn nun wollte ich es genau wissen. Ich fing an all das, was ich erlebt und gespürt hatte, zu hinterfragen: Woher kam dieses Gefühl, oder hatte ich mir da alles nur eingebildet? Ich begann Bücher zu wälzen und durch die Meditation weitere Erfahrungen zu sammeln. Es wurde immer spannender. Womit hatte ich es da zu tun? Waren das tatsächlich göttliche Energien, Magnetfelder oder erklärliche Phänomene, die ich vorher noch nie registriert hatte?

Wieder hatte ich intensive Träume: Ich wollte umziehen und hatte mir schon Wohnungen aus der Zeitung heraus gesucht.

Den Kontakt hatte ich per Telefon aufgenommen, doch noch keine Wohnung besichtigt. Da ich nicht wusste, was mich erwartete, suchte mein Geist diese Wohnungen im Traum auf. Innerhalb von zwei Wochen träumte ich von drei verschiedenen Wohnungen.

Im Traum sah ich dabei erneut meine Großmutter. Sie kam, um mich zu besuchen. Dabei stellte ich fest, dass ich mich in einer unbekannten Wohnung befand. Die Wohnung war sehr klein und dunkel, sie schüttelte mit dem Kopf.

Im zweiten Traum war die Wohnung zwar hell, jedoch ungünstig geschnitten. Und wieder bedeutete sie mir, dass dies nicht das Richtige für mich sei. Doch der dritte Traum signalisierte mir ein Willkommen.

Meine Großmutter begleitete mich auch in diesem Traum. Die Sonne strahlte durchs Fenster und draußen war ein schöner Garten zu sehen.

So kam es dann, dass bei den ersten Wohnungen die recht ungünstig und klein waren, kein Mietvertrag geschlossen wurde. Die dritte Wohnung aber war genau die richtige und die Eigentümer bemühten sich sehr darum, mich als Mieterin zu bekommen.

Und tatsächlich, der Traum war fast identisch mit dem was ich dann sah: ein sonniges Domizil und zu beiden Fensterseiten Grünflächen. Es gefiel mir und ich wusste, dass ich dieses Zuhause nicht allein ausgesucht hatte.

* * *

II. Erlebnisse mit Engeln

Ein rosa-goldener Engel an meinem Bett

*D*as Frühjahr 2000 brachte mir erneute Erkenntnisse in wunderbarster Form und Weise, auch wenn der Anlass für mich selbst nicht so schön war. Schon seit Tagen litt ich unter einer Art allergischen Reaktion, die ich mir nicht erklären konnte.

Sie machte sich mit einer immer wieder auftauchenden Atemnot und mit stärksten Hustenanfällen bemerkbar. Es war, als hätte ich plötzlich Asthma, was ich mir in meiner damaligen Lebensproblematik überhaupt nicht leisten konnte. Denn ich hatte viel zu tun, schließlich drückten mich materielle und behördliche Probleme gewaltig.

Eines Tages ging es mir besonders schlecht. Ich bekam einen Hustenanfall und fast keine Luft mehr, hatte Angst und konnte mich mit letzter Kraft aufs Sofa fallen lassen. Was wird jetzt passieren? – überlegte ich. Wenn das jetzt das Ende ist, was hatte ich in meinem Leben versäumt, nicht erledigt? Ich muss mich doch noch verabschieden. *Vater hilf mir bitte*, flüsterte ich – dann nahm ich nichts mehr wahr.

Irgendwann kam ich zu mir und wusste nicht, wie lange ich gelegen hatte. Doch fühlte ich mich plötzlich wohlig behütet und geschützt, spürte durch die Augenlider ein warmes sonniges Licht auf meinen Körper fallen. War ich im Jenseits?

Langsam öffnete ich die Augen. Da sah ich eine Gestalt, schimmernd in Gold und Rosa, die langen blonden Haare von einem hellblauen Schleier umhüllt, an meinem Bett sitzend. Dieser Engel hielt mir die Hand und lächelte mich an.

Doch schon im gleichen Moment löste sich dieses Wesen in schimmerndes Licht auf. Ich konnte es nicht mehr erkennen und war so ergriffen, dass ich weinte.

Hatte mich dieser Engel gerettet? War das mein Schutzengel, eine heimgegangene Verwandte oder die Mutter Maria persönlich? Ich stellte mir viele Fragen, doch jetzt konnte ich dem Vater nur für meine Rettung danken. Seit diesem Tag geht es mir hinsichtlich der Atmung spürbar besser.

Hilfe durch Michaels Schwert

Im Jahr 2000 berichtete mir eine ehemalige Kollegin – mit der ich noch telefonischen Kontakt hatte – davon, in ihrer Wohnung kontinuierlich von einer Art Hitzewolke umgeben zu sein. Nachts wurde sie von Albträumen geplagt. Wenn sie die Augen während kurzer Pausen der Schlafphase öffnete, sah sie, wie grau schimmernde Gestalten ihr Bett umkreisten und sich über ihren Körper beugten. Dazu erzählte sie mir die Geschichte von ihrer kurzen Ehe, die sie mit einem kubanischen jungen Mann eingegangen war.

Nach der Eheschließung hatte er ihr das Leben zur Hölle gemacht. Sie fühlte sich von ihm auf Schritt und Tritt verfolgt, so dass sie keinen Moment für sich und ihr Leben gehabt hatte. Er brachte sie zur Arbeit und holte sie dort wieder ab. Das ging so lange, bis sie es nicht mehr aushalten konnte. Sie begann um ihre persönliche Freiheit zu kämpfen. Da er nicht zur Einsicht kam, verwies sie ihn schließlich ihrer Wohnung und reichte die Scheidung ein.

Dabei bewohnte sie selbst immer noch die einst eheliche Wohnung, die sie seit Beginn dieser Erlebnisse nur ungern betrat.

Sie dachte daran umzuziehen und war schon auf der Suche nach einer neuen Unterkunft.

Während ich mit ihr telefonierte wurde ihr zunehmend heißer und zusätzlich übel. Das, obwohl ihre gesundheitliche Situation sonst keine Krankheit erkennen ließ und sie dies auch schon durch Ärzte abgeklärt hatte. Sie vermutete, dass die Familie ihres Ex-Mannes ein Voodoo-Ritual mit ihr veranstaltete. Er hatte ihr von solchen Bräuchen erzählt. Daraufhin lief mir ein kalter Schauer über den Rücken der mir bestätigte, dass es keine Einbildung war.

Dort musste schnell geholfen werden bevor ihr Leben ganz aus den Fugen lief, zumal sie Angst hatte, sich einem Psychologen anzuvertrauen. Selbst mit ihren Eltern mochte sie nicht darüber sprechen.

So versuchte ich mein Bestes, folgte meiner Intuition und rief, noch während unseres Telefonats, die geistig hohe Welt mit einem Gebet an unsere Seite. Zusätzlich bat ich den Erzengel Michael zu helfen, so es in der Ordnung Gottes sein durfte. Ich bat ihn mit seinen Heerscharen an die Seite von Stefanie, um ihr beizustehen. Dabei wies ich sie an eine Kerze anzuzünden, um den geistigen Helfern unter Erzengel Michael zusätzliche Kraft zu spenden.

Nachdem ich um Schutz für mich und Stefanie gebetet hatte, channelte ich mein geistiges Sehen in ihren Raum. Nun war ich geistig bei ihr und konnte über das Dritte Auge sehen, wie eine dunkle bewegliche Wolke ihre Gestalt einhüllte. Ich begann zu beten und befahl diesen Wesen den Ort, als auch Stefanie, endlich zu verlassen.

Dies befahl ich in Verbindung mit dem innständigen Aufruf an Erzengel Michael, uns zu helfen. Ich befahl den Geistwesen in Liebe zu gehen, da Erzengel Michael sie sonst mit dem Schwert fortjagen und auflösen würde.

Da sich nichts rühren wollte, und der Übelkeit erzeugende Druck bei Stefanie zunahm, bat ich nun Erzengel Michael sich mit seinen Helfern für uns einzusetzen. Als ich die bittenden Worte an ihn beendet hatte, schrie Stefanie erstaunt auf und teilte mir mit, dass es stockdunkel in ihrem Wohnbereich geworden sei.

Ein kalter Luftzug hatte die Kerze ausgeblasen. Dann beschrieb sie mir, wie ein gleißend leuchtendes Licht immer wieder um sie herum wirbelte. Auch ich konnte nun durch den Channel in ihrem Raum sehen, wie etwas Helles und Blitzendes, in Verbindung mit einer schemenhaft großen Gestalt, immer wieder durch die Luft fuhr.

Sie konnte fühlen, wie sich um ihren Körper herum eine Art Kampf abspielte. Dann beobachteten wir aus unseren unterschiedlichen Perspektiven, wie es ruhig und gleichzeitig heller im Raum wurde. Der Übelkeit erzeugende Druck, die Hitze sowie alles Dunkle waren verschwunden.

Von Tränen der Überwältigung über dieses Ereignis gerührt bedankten wir uns bei der geistigen Welt. In diesem Moment war es, als würde ein Schutz aus heller vibrierender Energie unsere Körper umhüllen. Damit war auch die Hitze verschwunden. Stattdessen lag ein weicher Duft von Blüten in der Luft, der jeden von uns noch ein paar Stunden begleitete.

Eine Woche später musste *Erzengel Michael* noch einmal ans Werk, als ein schwacher, zweiter Zugriff von der anderen Seite erfolgte. Danach war alles schlagartig vorbei. Seit dieser Zeit traten keinerlei Phänomene mehr bei ihr auf und sie hatte

gelernt, sich bei derartigen Angriffen selbst - mit Hilfe des Glaubens an die Kraft der Erzengel –
zu befreien.

Erzengel Raphael bietet spürbare Hilfe

Es war 1998, ich nahm an einem Gottesdienst der Urchristen teil. In dieser Gruppe befanden sich auch ein paar Medien. Menschen, die als Mittler zwischen dem Diesseits und Jenseits dienen. Sie waren alle mit unterschiedlichen Fähigkeiten ausgestattet.

Eine hellsichtige Frau führte das Wort, eine weitere Person war hellfühlend und zwei weitere Personen waren anwesend, die als Sprachrohr für die geistig hohe Welt zur Verfügung standen.

Diese Personen waren Medien und in der Lage ihren Körper für eine kurze Zeit, einem geistig hohen Wesen zwecks medialer Übermittlung über das Sprechen, zur Verfügung zu stellen. Ich schaute mir das Ganze neugierig und skeptisch an um zu ergründen, wie diese geistigen Wesen mit uns in Kontakt treten.

Noch während wir beteten fing eine Dame vor mir an, die Gemeinschaft durch starkes Husten, zu unterbrechen. Der Husten steigerte sich und wurde für unser Gehör, als auch für die immer stärker nach Atem keuchende Dame unerträglich.

Alle schauten sich ratlos an. Ihr Zustand verschlimmerte sich. Dabei bekam sie durch den Reizhusten jetzt kaum noch Luft. Da wurde ich von der hellsichtigen Frau aufgefordert:

„Komm Du bist jetzt dran, tu endlich etwas, ich weiß dass du es kannst!"

Ungläubig blickte ich mich um, hatte sie mich gemeint? Ja, und so tat ich das, was mir meine innere Stimme flüsterte: Ich bat den Erzengel Raphael mir zu helfen als Mittlerin für die heilende Kraft, der geistig hohen Welt, zur Verfügung zu stehen.

Ich trat neben die krampfartig hustende Dame, hielt dabei eine Hand vor ihre Brust und die andere Hand hinter ihren Körper. Schon in dem Moment, als ich meine Hände vor ihren Brustkorb schob, spürte ich wie mein Körper von einem kraftvollen Strom ergriffen wurde. Dieser Strom, geführt über die Hände, ließ den Husten schlagartig zurückgehen. Nach drei, vier nur noch kurzen Hustenreizen, versiegte der Rest in einem Räuspern. Sie lächelte mich freundlich an wobei sie mir gleichzeitig dankend zunickte. In meinem Inneren wusste ich nun, was ich in diesem Gottesdienst in Erfahrung bringen sollte.

Die Engel rufen meisterliche Hilfe an unsere Seite

Mittlerweile hatte ich großes Vertrauen zu den Engeln und genauso zu einem Meister, der mir unlängst erschienen war. Eine Freundin wollte mich besuchen, da sie von meiner Begegnung und dem damit verbundenem energetischem und heilendem Ereignis gehört hatte.

Sie selbst hatte schon seit frühester Jugend außergewöhnliche Erlebnisse dieser Art gehabt. Da es ihr gesundheitlich sehr schlecht ging und bisher niemand wirklich helfen konnte, erhoffte sie sich Hilfe für ihr Leiden zu bekommen. Wir setzten uns voreinander und begannen mit einem Gebet, Erzengel Raphael und seine Heerscharen zum Schutz und zur Hilfe zu bitten. Plötzlich schien es, als würde sich die Luft um uns verändern.

Ein spürbares Knistern lag in der Luft. Nun bat ich *unser aller Vater* darum, mich als Mittler für ihn und seine Heilkraft zu nutzen. Meine Freundin Alison schaute mich gleich darauf mit ungläubig aufgerissenen Augen an. Dann erhob sie ihre Stimme und sagte:

„Marion, du siehst so anders aus. Schau deine Hände an, sie sehen aus als wenn sie größer werden, und jetzt - was ist das hinter dir?"

Erstaunt blickte ich auf meine Hände. Tatsächlich, es sah aus als hätte ich einen durchsichtigen, schemenhaften hellen Handschuh an. Es war, als wäre ich in die großen Hände und sogar den gesamten diffusen Körper einer anderen Person hineingeschlüpft. Was war passiert?

Ich hatte im Vorfeld das Gebet des heiligen St. Patrick gesprochen, worin unter anderem ein Satz vorkam, der höchstes Vertrauen in die Tätigkeit der geistig hohen Welt und der Engel legte. Es war der Ausspruch: *Herr, in deine Hände lege ich meinen Körper, meinen Geist und meine Seele. Tu` mit mir nach deinem Willen.*

Wir waren erstaunt und beeindruckt über die Vorgehensweise der geistigen Welt. Es war so außergewöhnlich, so dass ich mich erst in einem Traum wähnte. Da ich aber nur die Abnahme von Leiden für meine Freundin als Ziel vor Augen hatte, ließ ich mich hierdurch nicht beirren und konzentrierte mich weiter. Dabei ließ ich mich einfach von meiner Intuition führen und hielt die nun schemenhaft vergrößerten Hände über ihre schmerzende Stelle. Ich konzentrierte mich erneut und bat um Auflösung ihres Leidens. Alison erfuhr an diesem Tag eine spürbare Erleichterung und Kühlung. Leider war es mit dieser einmaligen Sitzung nicht getan.

Erzengelbegleitung

Es war ein wunderschöner Sommertag am Anfang des 21sten Jahrhunderts. Ich war zu einem Geschäftsgespräch in die Innenstadt geladen. Das Gespräch mit dieser Dame machte mich im Vorfeld etwas nervös, da sie genau wusste, was sie wollte, und man nicht wirklich mit ihr verhandeln konnte. Was erwartete mich dort? Ich wollte mich zu nichts hinreißen lassen und bat um den Beistand der Engel.

Insbesondere bat ich Erzengel Michael mich zu begleiten und über die Intuition zu warnen, wenn etwas nicht stimmen würde. Wir trafen uns in einem Cafe`.

Kaum hatte ich Platz genommen, blickte sie mit erstauntem Gesichtsausdruck und hochgezogenen Augenbrauen interessiert an mir vorbei. Sie beugte sich etwas vor, um über mich hinweg zu blicken und fragte: „Ich sehe, Du hast einen großen, mächtigen Begleiter mitgebracht. War das denn nötig?" Ich war mehr als erstaunt. Tatsächlich - sie war ein Mensch, der diese Dinge sehen konnte. Das Gespräch lief daraufhin zufrieden stellend und freundlich, ohne einen vorschnellen Abschluss zu tätigen.

Dem Schutzengel hautnah gerückt

Es war ein kalter Februarabend, eine nach Wahrheit und Antworten suchende Kundin rief mich an. Sie verkündete ein großes Interesse am Kontakt zu Engeln:

„Gibt es Engel wirklich? Ich glaube daran und hätte so gerne Kontakt zu den Engeln. Nur, wie mache ich das?", fragte sie mich. So teilte ich mit ihr meine Erfahrung mit Engeln. Ich erzählte von der Art mit Engeln in Kontakt zu treten und was für diese Wesen ausschlaggebend ist, um darauf zu reagieren.

Dabei erklärte ich ihr den Unterschied zwischen dem, was wir Menschen an Äußerungen tätigen sowie dem, was wir denken und fühlen. Denn jede dieser Handlungen gibt eine unsichtbare Frequenz, ähnlich einer Radiowelle, ab.

Jede dieser unsichtbaren Wellen trägt ein ganzes Spektrum an feinen Frequenznuancen mit sich. Haben wir die richtige Frequenz durch unsere gesprochenen und gefühlten Worte erreicht, dürfen wir die Engel spüren und darauf hoffen, dass sie uns helfen unsere Wünsche zu erfüllen.

Ich fragte Jana ob sie Interesse hätte, am Telefon mit mir dieses Experiment zu wagen. Sie stimmte zu. So bat ich sie ihre Augen zu schließen und meinen Worten geistig zu folgen. Genauso bat ich sie auf ihr Gefühl zu ihren seitlich ausgestreckten Händen sowie auf ihr Körpergefühl zu achten.

Jana freute sich auf diese neue Erfahrung und brachte sich in eine angenehme Position. Dann fing ich an über ein Gebet mit den Engeln zu kommunizieren und bat diese an Janas Seite, um mit ihr in Verbindung zu treten. Es wurde still am Hörer, - dann ein kleiner freudiger Aufschrei:

„Wow, Marion, jemand hält meine rechte Hand! Da ist wirklich ein Engel, der meine Hand von unten ganz sacht auffängt. Ich kann es ganz deutlich spüren. Und jetzt spüre ich einen leichten Luftzug hinter mir und auch ein zartes Streicheln in der Hand!"

Sie war tief gerührt und wollte mehr wissen, um dieses beschützende Gefühl nicht mehr zu missen. Wer war das nun, der an ihrer rechten Seite saß und ihre Hand hielt?

War es wirklich ein Engel oder etwa der Geistkörper einer heimgegangenen Seele? So fragte ich bei der geistig hohen Welt über den Channel nach. Mir wurde bestätigt, dass es sich hier um einen Engel aus Michaels Heerscharen handelte. Um noch mehr Erfahrungen zu sammeln, gab ich Jana weitere Anweisungen zur Kontaktaufnahme mit den Engeln. Ich erzählte ihr von den Hilfen, die sie über die Engel erhalten könne und gab ihr Informationen über das richtige Beten mit.

Janas Erlebnisse mit der Energie der Engel

Schon eine Woche später meldete sie sich freudig wieder und berichtete mir über die für sie, mit Worten, kaum zu beschreibenden Gefühle. Sie berichtete mir darüber, wie sehr sie sich wundere, dass ihre Hände beim Beten extrem warm wurden. Nach ihrem Gebet kehrten ihre Hände langsam in den Normalzustand zurück, wobei sie leicht kribbelten. Sie fragte mich ob dies normal sei und gleichzeitig freute sie sich über dieses schöne Gefühl.

Darauf antwortete ich ihr: „Du bist auf einem sehr guten Weg, die geistige Welt hat deine Wünsche erhört und kommt dir jetzt immer näher. Nicht jeder darf das erleben. Sieh es als eine Ehre an, dass die Engel und Meister hinter dir stehen. Die Engel kommen dir mit Liebe entgegen und lösen dabei Altes aus deinen Zellen.

Dies geschieht mit dem energetischen Strahl wärmender Liebe, um dich so durchlässiger für heilende Energien zu machen als auch die Hellfühligkeit zu erhöhen. Mit dieser Wärme, bestehend aus ihren Strahlen, bestätigen sie, dass in Liebe für dich da sind wenn du ihre Anwesenheit benötigst. Sie arbeiten an dir. Das war eine Art Initiation, die du jetzt erlebt hast.
Wenn du nun mit den Engeln weiter arbeitest, ist dies erst der Anfang eines neuen Lebensgefühls. Es kann jetzt nur noch vorangehen in deinem Leben."

Ein anderes Mal schrieb sie mir:

Gestern Abend ist noch etwas Schönes geschehen. Ich zog eine Erzengelkarte, nämlich Michael, und hab` dann noch mal durch das Gebet zu ihm gesprochen. Dabei wurden meine Hände richtig heiß und mir ganz warm bis zu den Füßen. Ich weiß jetzt, dass Erzengel Michael bei mir ist. Dies war und ist immer noch ein wunderschönes Gefühl in mir.

In einem weiteren Gespräch fragte mich Jana, ob sie ihrer Tochter bei einer akuten Neurodermitis nun auch mit Hilfe der Engel über das Auflegen ihrer Hände helfen kann. Ich stimmte zu und erklärte ihr, wie sie mit Hilfe der Engel, und deren schwingenden Lichtstrahlen, ihrer Tochter Gutes tun kann.

Drei Tage später rief sie mich erneut an und berichtete freudestrahlend, dass die unschönen und schorfigen Hautflecken bei ihrer Tochter ganz hell und kaum noch sichtbar wären.

* * *

III. Fragen an die geistig hohe Welt

War das wirklich meine Großmutter Elsbeth, der
es möglich gewesen war, mir als „dritter Schutzengel" zu
helfen?

Oder hatte meine Großmutter es geschafft mir ihre geistigen Führer zu Hilfe zu schicken, da wir noch intensiv miteinander verbunden waren? Kam die Hilfe vielleicht von den Schutzengeln, die nur darauf gewartet hatten, dass ich mich ihrer Welt endlich öffne? Fragen über Fragen kamen in mir hoch und suchten nach Lösung.

Meine geistigen Führer erklärten mir später über den Channel, dass es meiner Großmutter nach ihrem geistigen Übertritt möglich gewesen war, sich mit ihnen in Kontakt zu setzen. Sie hatte diese darum gebeten, mir all die Hilfen zu geben, die ich auf dem Weg zu meinem eigentlichen Ziel brauche. Das eigentliche Ziel liegt in jedem Menschen, meist unterbewusst, fest verankert. Auch im Irdischen Bereich war sie schon seit langer Zeit, für mich und einen Teil meiner Familie, als irdisches Engelwesen zuständig gewesen. Zusätzlich wurde mir erläutert, dass mir auch jetzt zwei Schutzengel sowie meine geistigen Führer zur Seite stehen.

Nun wollte ich alles über die Erzengel wissen und was
geschieht, wenn wir diese Wesen ehrerbietig um Hilfe bitten.
Kommen sie persönlich? Oder schicken sie jemanden aus
ihren Heerscharen zu uns?

Die Antwort verblüffte mich. Mir wurde erklärt, dass sich jeder Erzengel unserem Problem oder unserer Frage erst einmal persönlich widmet, bevor er Engel aus seinen Heerscharen schickt. Dabei kommen die Erzengel als Energie zu uns.

Sie sind in der Lage, sich in tausende, geistig lichtvolle Energieströme aufzuteilen. Mit diesen, auf unsere Seele und Körper einwirkenden Strahlen, durchfluten sie unsere Zellen. Die an diese Strahlen gehefteten Energien und Informationen, wirken dabei teilweise spürbar, auf Körper und Geist.

Die Energiestrahlen der Engel können Blockierungen der Seele lösen, lassen innere Antworten ins Bewusstsein aufsteigen und führen über die Intuition zu neuen Erkenntnissen. Gleichermaßen zeigen uns die Strahlen, durch innere Eingebungen, den Weg zur Erfüllung der geleisteten Fürbitten auf. Die jeweils für die Seelen zuständigen Meister, werden mit in dieses Geschehen einbezogen.

Natürlich gibt es auch Fälle, in denen selbst den Engeln, das Recht zur Hilfe verweigert wird. – In diesen Fällen kann nur der karmische Rat, ein Gremium aus aufgestiegenen Meistern helfen. - Das Eingreifen dieses Rates geschieht jedoch nur, wenn die Seele durch Blockierungen an ihrem wahren Lebensweg behindert wird.

Sollte diese Fürbitte, dieses Gebet, jedoch nicht die gewünschte Resonanz erzielen, so geht es dennoch nicht verloren. Es wird in der Akasha-Chronik, dem großen geistigen Gedächtnis, in dem alle Gedanken und Handlungen der Menschheit sowie anderer Wesen niedergeschrieben sind, gespeichert.

Weiterhin interessierte mich die Frage ob unsere lieben heimgegangenen Verwandten, die Stelle der Schutzengel an unserer Seite einnehmen?

Auf Nachfragen bei der geistigen Welt erfuhr ich, dass unsere lieben Heimgegangenen keineswegs die Rolle eines wahren Schutzengels einnehmen.

Denn die tatsächlichen Schutzengel, haben nie eine menschliche Inkarnation durchlebt. Doch für kurze Zeit dürfen sich unsere heimgegangenen Freunde und Verwandten, mit den für uns zuständigen Engeln und Führern verbinden. Während dieser Zeit, können sie Fürbitte für uns leisten. Danach müssen sie ihren Weg, im geistigen Reich, fortsetzen.

Dies erklärte mir die geistige Welt zu Elsbeth, meiner Großmutter – die ich für meinen Schutzengel hielt. Sie hatte einst als Engelswesen den irdischen Auftrag bekommen, mich in meinen jungen Jahren auf Erden zu führen. Die Verteilung dieser nicht irdischen Aufträge erfolgt auf der Herzensebene, gesteuert durch Intuition und Unterbewusstsein.

Wer wird als Engelswesen bezeichnet?
Im geistigen Reich werden Menschen, die durch viele Inkarnationen hindurch sich das sanftmütige Wesen eines Engels erarbeitet haben, in die Linie der Engelswesen, aufgenommen. Die Linie der Engelswesen besteht lediglich aus menschlichen Seelen. Und auch auf Erden werden diese Menschen als Engelswesen bezeichnet.

Was aber sind nun die Schutzengel?
Schutzengel sind Engel, die dem großen allgemeinen Engelchor angehören. Von dort werden sie speziell für ein Seelenwesen – mit der Aufgabe von Schutz und Trost sowie mit dem Befehl, in gewisse Geschehen einzugreifen, betraut.

Gibt es unterschiedliche Schutzengel? Ja, genauso wie es unterschiedliche Menschen gibt. Es gibt Schutzengel, die in den verschiedensten Farben leuchtend und entsprechend ihren Farben, wie beschrieben, unterschiedlich energetisch, förderlich sind. Dabei können sie leider keine feste Gestalt annehmen.

Erscheinen uns die Engel, dann nehmen sie meistens eine zarte, durchsichtig scheinende, hohe und liebliche Gestalt an. Sie wirken dabei, wie aus farbigen feinen Schleiern gewebt.

Genauso können sie die Form einer Kugel oder eines Lichtstrahls einnehmen. Dabei gibt es zwei Arten von Schutzengeln für jede Seele. Der eine Teil ist zuständig für unsere Psyche – der andere für unseren physischen Körper.

Welche Aufgaben haben die geistigen Führer und Meister im Gegensatz zu den Engeln?
Die geistigen Führer helfen uns, über das Bauchgefühl unsere Intuition zu schulen. Sie beantworten uns Fragen über die innere Stimme. Auf unterbewusster Ebene schulen sie dabei unser Bewusstsein, indem sie uns anregen, mit uns ins Selbstverhör zu gehen. Dieses scheinbare, innere Zwiegespräch ist ein Gespräch, in welchem sie uns helfen, die richtigen Entscheidungen zu treffen sowie Lösungen zu finden.

Ist dieser Prozess des Hinterfragens bis zu einer individuell vorbestimmten Grenze abgeschlossen, übernehmen die Meister. Ihre Aufgabe ist es, uns zu unserer vorbestimmten Aufgabe und Berufung zu führen. Auf diesem Weg vermitteln sie uns Einsicht, in den höheren Sinn des Lebens. Diese geistige Intuitionsschulung ist dabei nicht für jede menschliche Seele, in einem Erdenleben, erreichbar. Ganz besonders nicht, wenn ein zu hohes Ego im Weg steht.

Wie viele Schutzengel, Engel, geistige Führer und geistige Meister begleiten uns?

Es werden immer nur zwei Schutzengel, pro Person abgestellt. Bei geistig sehr stabilen Seelen wird der für die Psyche zuständige Schutzengel in den Hintergrund treten, da die Seele dessen Obhut nicht bedarf. Von den geistigen Führern sind es zwei bis vier. Hinzu kommen bis zu sechs weitere Engel – je nach Reifegrad der Seele.

Bei den Meistern sieht das schon anders aus. Je nach Individualität der Seele und Entwicklungsstufe, stehen für eine Seele einer bis höchstens sieben Meister bereit. Diese wechseln sich in den Lebensphasen der betreffenden Person, je nach Entwicklungsstand und Aufgabenstellung ab. Dabei hat die geistig bewusste Seele, die Möglichkeit sich zusätzlich einem weiteren Meister zuzuwenden.

Die geistige Entfaltung der Seele ist dabei eng verbunden mit der Entwicklung der energetischen Wirbel, auch als Chakren bekannt.

Wann und wie lange begleiten uns Engel und geistige Führer? Und wie viele sind es?

Bei den für uns zuständigen geistigen Führern, die uns zur Seite stehen, um uns über die Intuition zu leiten, gibt es große Unterschiede. Einige Seelen haben nur einen, andere zwei bis vier geistige Führer.

Wieder andere dagegen haben ihre geistige Führung, durch kontinuierliche Nichtbeachtung sowie der bewussten Zuwendung zur *anderen Seite*, verscheucht.

Dennoch warten die geistigen Führer weiterhin im Hintergrund und beobachten, ob diese Seele sich ihnen wieder zuwendet.

Die geistige Führung, die speziell für uns abgestellt ist, bleibt über die gesamte Zeit eines Lebens die gleiche, kann aber von Inkarnation zu Inkarnation wechseln. Die beiden Schutzengel dagegen bleiben über die gesamte Zeit aller Inkarnationen die gleichen. Hinzu kommen weitere Engel je nach Lebensaufgabe, wechselnd.

Engel und ihre Hierarchie

Durch meine geistige Führung erfuhr ich, dass es drei Sphären der Engel gibt. Neben den Sphären der Engel gibt es die Ebenen der Heimgegangenen, die von den Engeln gleichzeitig durchdrungen werden kann, aber nicht umgekehrt.

Eine weitere Ebene der geistigen Welt ist die hohe Sphäre der Meister, wobei das geistige Shamballah als Wohnsitz dieser angesehen wird. Ein Ort, an dem die Meister sowie ihre geistigen Schüler immer wieder einkehren. Über diese Stadt, finden Sie in vielen östlichen Kulturen Hinweise. Weitere Informationen finden Sie in der Bibel, von Pastor Greber, 1923, Offenbarung 21 sowie 22.

Zurück zu den 3 Sphären der Engel, erfuhr ich durch Nachfragen bei den geistigen Führern, dass diese mit unterschiedlichen Chören bestückt sind. In der Bibel selbst, findet man keine eindeutige Gliederung einer Hierarchie. Fündig wird man in den Chroniken des Henoch, aus dem dritten Jahrhundert vor Christi. Er beschreibt darin 10 Stufen.

Die heute noch am meisten genutzte Überlieferung dieser Hierarchie stammt aus einer mittelalterlichen Schrift, des sechsten Jahrhunderts. Es sind die Schriften des Dionysios.
Die oberste Sphäre der Engel enthält laut Überlieferung, an höchster Stelle, den Chor der Seraphim. Metatron wird dabei als oberster Regent gezählt.

Die Seraphim sind ausschließlich für den Thron Gottes zuständig. Sie reflektieren die strahlende Lichtkraft des Höchsten zu den unteren Chören. Gefolgt werden diese von den Cherubim, welche laut Bibel als Bewacher des Baumes der Erkenntnis sowie des ewigen Lebens, im Paradiesgarten, abgestellt wurden.

Darunter findet sich der Chor der Throne. Diese vertreten den kosmischen Kreislauf zwischen Anfang und Ende aller Lebenszyklen. Dabei stellen sie die kraftvollen Energien für das Leben zur Verfügung.

In der mittleren Sphäre befindet sich der Chor der Herrschaften, welche die Aufgaben der unteren Engelschöre verteilen und ordnen. Erzengel Zadkiel wird dabei als einer ihrer Führer betrachtet.

Es folgt der Chor der Mächte, einer großen Kraft, verantwortlich für die Ordnung im Universum sowie die Naturgesetze. Diese werden von Michael regiert, der auch den unteren Ebenen helfend zur Seite steht.

Darunter befinden sich die Chöre der Gewalten. Diese bekämpfen das Dunkle und Dämonische. Dabei helfen sie im Besonderen, die hohen Sphären von negativen Energien, rein zu halten.

Die unterste Sphäre ist für das Irdische zuständig. Dort befindet sich an oberster Stelle der Chor der Fürstentümer. Diese sind zuständig für die Führung der irdischen Völker, deren Oberhäupter sowie das Zusammenspiel der Religionen. Auch bei dieser Leitung, legen die Engelscharen großen Wert darauf, das Bewusstsein der Menschen aus der Dualität zurück in die Einheit, der Polarität, zu führen.

Diese Chöre arbeiten eng mit den Schutzengeln der untersten Ebene zusammen.

Es folgen die Erzengel sowie die Engel der untersten Kategorie, welche uns Menschen helfend zur Seite stehen. Medial bekam ich die Mitteilung, dass es sich mittlerweile um 10 Stufen in der dritten Sphäre handelt. Es ist so, wie auch Rudolf Steiner, Anthroposoph des 19. Jahrhunderts, schon erwähnte. An unterster Stufe steht mittlerweile der geistig bewusste Mensch mit seinem sich stetig erhöhenden Bewusstsein.

Die für uns wichtigen Engel jedoch sind die so genannten himmlischen Boten und Schutzengel der unteren Sphäre.

Diese sind unter anderem eingeteilt in Engel mit verschiedensten Fähigkeiten und Eigenschaften, welche in der Lage sind, sich wie durch ein Prisma mittels ihrer Strahlen tausendfach und individuell aufzuteilen.

Zu dieser Ebene, gehören unter anderem Engel die uns bei der Formung unserer edlen Eigenschaften unterstützen, wie zum Beispiel des Vertrauens, der Tugend etc. Außerdem der Fähigkeiten des Heilens, der Künste, der Wissenschaft etc. Direkt daneben fängt die Linie der geistigen Führer an.

Die Erzengel nehmen dabei lediglich Platz an unserer Seite, wenn sie ausdrücklich darum gebeten werden.

Wie können wir erkennen, ob wir mit einem Engel, einem geistigen Führer oder Meister im Kontakt sind? Die Schutzengel und ihre Energie sind immer in unserer Nähe, ob wir wollen oder nicht. Sie selbst zeigen sich nur in außergewöhnlichen Situationen, um uns dann allein, oder –

je nach Situation, vereint mit den Erzengelenergien, Schutz und sanften Trost zu gewähren. Der Schutzengel vermittelt uns durch seine Umhüllung, Schutz und Heilung für die Seele.

Auf der spürbaren Ebene sind sie lediglich wie ein zartes, energetisches und leicht prickelndes Einstrahlen von Energie wahrzunehmen. Für alltägliche Fragen, sowie Fragen unseres Daseins im Hier und Jetzt, sind die Schutzengel nicht zuständig.

Die geistigen Führer dagegen erkennen wir an den zu uns gesprochenen Worten. Diese können wir vernehmen, wenn wir uns in die Stille einer Meditation begeben, dann vernehmen wir sie deutlich über die innere Stimme. Sie leiten und lenken uns mit ihren Ermahnungen durch die immer stärker erwachende, innere Intuition.

Hellfühlige Menschen können die geistigen Führer an ihrem sanften Streicheln, manchmal aber auch ermahnenden leichten Gefühl von Stechen, auf der taktilen Ebene wahrnehmen.
Die geistigen Meister hingegen, geben sich auf hellfühliger Ebene meistens durch ein Gefühl wärmender Herzensliebe zu erkennen. Dies kann sich je nach Meister unterschiedlich, dennoch kraftvoll spürbar, äußern.

Hat diese geistige Verbindung bereits eine über das Herz geführte Seelentiefe erreicht, wird der Kontakt zu einem unvergesslichen Erlebnis.

– Ein, für die menschliche Wahrnehmung, auf allen Ebenen emotionales, aufwühlendes, schönes und für ewig, *unsere Realität*, veränderndes Erleben. Eine Form von innerer Initiation, durch den Meister. Dabei treten die Meister auch über die innere oder äußere Ebene des Sehens, mit uns in Kontakt.

Erzengel und ihre Kräfte

Erzengel gehören der zweiten Kategorie der untersten Sphäre an. Aber auch einige Engel dieser Kategorie, wie Michael und Zadkiel, bekleiden ein zusätzliches Amt als Erzengel in einer höheren Ebene. Sie bilden im Gegensatz zu den unteren Engeln eine Kategorie von eigenständigen Engeln, die mit vielen Ermächtigungen ausgestattet sind.

Dabei sind sie zudem, direkt der geistig hohen Sphäre des Schöpfers unterstellt. Ihnen unterstehen die unteren Engelshierarchien.

Aus dieser Sphäre sind vor allem die Erzengel Michael, Raphael, Gabriel und Uriel mit ihren Fähigkeiten bei uns bekannt. Hinzu kommen die Erzengel Jophiel, Chamuel und Zadkiel, die mit an oberster Stelle genannt werden. Ein weiterer wichtiger Erzengel ist Metatron, der immer wieder in Vergessenheit gerät, da er nur mit einem kleinen Teil der Menschen in Verbindung tritt. In den unterschiedlichen Glaubensrichtungen werden weitere Erzengel genannt. Diese Engel entsprechen bis auf ihren Namen, zumeist den Engeln im Christlichen.

Die Grundaufgabe der Erzengel ist es, uns wieder direkt mit der göttlichen Energie, dem geistig, hohen Bewusstsein zu verbinden. Dabei haben sie den Auftrag uns bei der Ebnung des Lebensweges, hin zu unserem geistigen Ziel, hilfreich zur Seite zu stehen.
Auf diesem Weg können nicht nur geistige Blockaden lösen, sondern sie stärken unser Vertrauen durch spürbar, erfahrbare Erlebnisse.

Ein großer Teil des jedem Menschen, vorgegebenen Plans, vollzieht sich mittels einer Durchströmung des Geistes, in Form von feinen Energien. Diese energetischen Energien, in Form von Strahlen, regen   die   Erhöhung unseres Bewusstseins an. Durch diese Wandlung, erfahren wir einen Zustand von großer Harmonie und Verbundenheit mit allem.

Wie ist diese Verbundenheit zu erreichen?

Dieser Zustand ist in der Meditation über eine vom Herzen getragene, intensive geistige Ausrichtung zu erfahren. Siehe Kapitel IV.

Wobei hilft die Verbindung mit Engeln und Meistern?

Durch eine mit der geistig hohen Welt, stattfindende, energetische Durchströmung des Geistes, wird das Leben eine neue Leichtigkeit und Wandlung erfahren.

Die damit einfließende innere Weitsicht hilft, ein großes Netz energetischer Verstrickungen zu erkennen und zu lösen, welche uns sonst an der Selbstbestimmung und Organisation unseres Lebens hindern.

Dadurch wird der Anstoß für wichtige Erkenntnisse sowie die für uns richtigen Entscheidungen gegeben. Dabei liegt die Betonung auf die für uns richtigen Entscheidungen. Für die geistige Welt gibt es kein Richtig oder Falsch, genauso wenig Gut oder Böse. Denn die, diesen Wörtern inliegende Moral ist von uns Menschen geprägt. -Für die geistig hohe Welt der Engel, Meister etc. gibt es diese Moral nicht. Es geht ihnen nur darum, uns durch Erkenntnis wieder zurück in die Polarität, in das Einssein zu führen.

Um dieses innere Wissen zu erlangen sowie eine Umformung und Heilung des Lebensweges zu erzielen, bieten tägliche Meditation sowie eine Rückschau auf das Tagesgeschehen eine wichtige Stütze.

Dabei erkennt die Seele, dass alle Dunkelheit und jeder Fehltritt nur ein Weg sind, uns zurück zum Licht und damit zu einer Form der Erlösung durch Erkenntnis zu führen. Dabei bedeutet diese Erkenntnis auch Vereinigung mit dem Schöpfergeist. Denn welche Seele möchte ihr Leben dauerhaft in der *geistigen Dunkelheit* und den damit verbundenen Folgen fristen?

Zusätzlich können selbst stärkste Blockaden mit Hilfe der Erzengelfrequenzen und ihren Strahlen durchbrochen werden.

Erzengel Michael

ist dabei der bekannteste aller Schutzengel. Er wird auch als die Kraft Gottes bezeichnet. Vor meinem geistigen Auge konnte ich ihn klar und deutlich, in einem silberweißen Kleid mit blauviolettem Saum, erkennen. Seine langen, feinen, weißblonden Haare umrahmen eine silberne Metallmaske, die bei den Kämpfen sein Gesicht bedeckt.

Er ist ein Beschützer und Kämpfer. Er gewährt uns seine Hilfe und seinen Beistand, in gefahrvollen Momenten des Lebens.

Dabei hüllt er uns in seine schützende Strahlung und verleiht uns durch seine Energie, die Stärke der wir bedürfen. Er ist der Träger eines gewaltigen Schwertes, welches durch seine Kraft, Blitze verschleudert. Er führt uns im Kampf um Gerechtigkeit. Dabei löst er die Schatten aus der Dunkelheit, die das Leben verdunkeln.

Genauso hilft Erzengel Michael verirrte Seelen in die passende Dimension zu leiten. Alte Verbindungen, und damit unnützes Geistesgut, können mit seiner Kraft gelöst werden. Wenn wir uns ängstigen und seine Hilfe bittend ersuchen, leistet er uns seinen sofortigen Beistand.

Erzengel Raphael

vereint alle Eigenschaften der Nächstenliebe in sich. Er ist mitfühlend, helfend. Er fördert den Verlauf der Heilung für die Seele und den Körper. Dabei begünstigt seine Strahlung das Verständnis, den Frieden und die Liebe der Menschen untereinander. Er hilft der Seele, den Sinn ihres wahren Seins, zu erkennen.

Mit seiner heilsamen Strahlung hilft er, innere Blockaden zu durchbrechen, die die Seele an ihrer Entwicklung behindern. In schmerzvollen Situationen ist er mit seinen Heerscharen da, um unseren Schmerz zu lindern und Heilung einzuleiten. Er fördert dabei den Aufbau einer gesunden Psyche, eines gesunden Geistes, welcher in der Lage ist, einen gesunden Körper zu erhalten.

Seine Einstrahlung hilft unser drittes Auge zu öffnen. Wenn wir in großer Sorge um unser Wohlergehen sowie das unserer Lieben sind, wacht er schützend über alle, für die wir bitten. Durch den Channel sah ich ihn in einem azurblau strahlenden Gewand, in der Hand ein goldenes Gefäß haltend.

Erzengel Uriel

ist ein Wegbereiter der uns hilft, all das zu erlangen was wir benötigen, um unsere wahren Aufgaben des Seins zu erfüllen. Dazu gehört es, uns aus psychischen, oft durch Moral geschaffenen Ketten, engstirnigen Denkens, zu befreien. Er weist uns Wege der inneren Erkenntnis.

Durch diese erleuchtende Einstrahlung, lässt er uns den Weg zu wahrer Freude des Lebens erkennen. Dazu gehört es auch uns, von unangemessenen Wünschen, zu befreien.

Jeder bittenden Seele, lässt er die passenden Hilfen zukommen. Sei es eine Spende, ein passender Arbeitsplatz, eine helfende Hand oder gar eine erfolgreiche Idee, die er uns zuführt.

Gekleidet ist Uriel mit einem weißblauen Kleid. Dabei trägt er einen Korb, in dem er Anteile aller Gaben für die Menschen bereithält. Die durch Erzengel Uriel einstrahlende Inspiration, zeigt der Seele neue Aussichten auf. Möglichkeiten die zu einer neuen Freiheit, ohne die Sorgen des materiellen Lebenskampfs, führen.

Das bedeutet, wenn Sie sich an Uriel gewandt haben, dann bitten Sie um eine Lösung, eine Idee und hören auf Ihre innere Stimme. So kann es sein, dass Sie eine Idee bekommen, einen spontan guten Einfall für ein Projekt oder einen Anruf, der ein unerwartetes Angebot übermittelt. Sie müssen nur bereit sein, alte Pfade zu verlassen, um sich auf einen verbesserten Lebensweg zu begeben.

Erzengel Gabriel
ist bekannt dafür, dass er die Erkenntnis des göttlichen Prinzips stärkt. Er wird allgemein als Verkünder des göttlichen Willens gesehen. Er ist es, der intensiv am Prozess der geistigen Wandlung des Bewusstseins beteiligt ist.

Diese Erkenntnis schließt das Bewusstsein um den Sinn des Lebens mit seinen Höhen und Tiefen ein. Er hilft uns, über unser Bewusstsein, Erleuchtung und Zielausrichtung zu erhalten. Er gibt uns die geistigen Impulse, die wir zur Bewältigung unseres Lebens, benötigen.
Dadurch vermittelt er Klarheit über den Weg der vor uns liegt und hilft, in eine innere Ordnung einzukehren.

Erzengel Gabriel sehe ich in ein weißgrünes Kleid, mit blauem Umhang gehüllt. In der Hand trägt er einen goldenen Stab, mit dem er uns die benötigten Impulse übermittelt.

Erzengel Jophiel

wird hauptsächlich als ein Engel bezeichnet, der für die Wahrheit und Beständigkeit steht. Er trägt dazu bei, unser Inneres mit geistiger Kenntnis zu erhellen um gesetzte Ziele mit Ausdauer sowie Besonnenheit zu stützen und zu erreichen. Mit seiner Einstrahlung hilft er, das Vertrauen in sich selbst und auf den Lebensweg zu stärken. Auch bei hartnäckigen Schwierigkeiten unterstützt er uns, mit dem Gefühl der Selbstsicherheit, um durchzuhalten.

Durch mein geistiges Auge sah ich ihn, ähnlich einem Gärtner, mit blühendem kleinem Ast in der Hand. Er war gehüllt in ein goldgrünes Kostüm. So wandert er von der geistigen Ebene in die irdische, um jene Menschen, welche seiner bedürfen, mit neuer Kraft auszustatten.

Erzengel Zadkiel

ist die Kraft, die für den gerechten Ausgleich der Energien auf Erden sorgt und damit auch im karmischen Sinn tätig ist. Zadkiel, durch Barmherzigkeit geprägt hilft, Demut vor dem Leben und Vergebung zu erlangen.

Die durch Vergebung freigesetzten Energien erlösen und helfen der Seele beim Prozess der Wandlung. Diese spürbar erfahrbaren Energien, lassen die Seele geistig emporschwingen und ein Gefühl wahrer Freiheit wahrnehmen.Zadkiel sah ich durch den Channel, in ein golden-violettes Gewand gehüllt.
In seiner Hand hielt er einen großen strahlenden Opal, um sich mit dessen Kraft, um gerechten Ausgleich des Karmas, abzustimmen.

Erzengel Chamuel

trägt das Prinzip der Liebe, und damit der Transformation hin zur Erlösung, in sich. Er schenkt uns das tiefe Gefühl, wahrer göttlicher Liebe. So öffnet er den Weg zu Nächstenliebe und Vergebung. Er vermittelt die liebende Kraft Gottes und damit die kaum zu beschreibende Empfindung wahrer Lebensfreude.

Denn wahre Liebe ist eine der stärksten Kräfte, die alles zu verändern mag. Mit der Kraft seines rosaroten Strahls vermag er Feindschaft in Freundschaft, seelischen Schmerz und Angst in Energie, Lebensfreude und Mut zu wandeln.

Er ist wie ein Lehrer, der den Seelen die er berührt, ungeahnte innere Harmonie und Liebe sowie tiefe klärende Einsicht, in das göttliche Geschehen gewährt.

Chamuel erblickte ich in ein rosa Gewand gehüllt, welches von Goldpartikeln übersät funkelte. Ein Umhang in gleicher Farbe lag über seinem rechten Arm.

Erzengel Metatron

gehört nicht zur allgemeinen Gruppe der Erzengel, sondern zu den Engeln der hohen Sphären. Da Metatron aber auch für die nach einem vollkommenen Bewusstsein strebenden Seelen zuständig ist, habe ich ihn in dieser Kategorie mit aufgeführt. Er wird auch als König der Engel betitelt. Seine hochenergetischen Schwingungen sind für normal Sterbliche kaum zu ertragen. Er wird auch als Engel des Anfangs der Schöpfung bezeichnet.

Seine Energien sind mit der höchsten Schöpferenergie verbunden. In seinen Händen liegt der große Plan des Lebens, die große Matrix mit allen Facetten der Möglichkeiten. Metatron ist der Erzengel, der allen geistig nach oben strebenden Seelen als Mentor dient. In ein prachtvoll gold-weißes Gewand gehüllt, hält er eine Kugel in der Hand, die das Allumfassende symbolisiert.

Durchsage von Chamuel

*Ich, Chamuel, bin die Verbindung zur Kraft
der reinen Liebe in euch selbst. Ich helfe euch,
die Kraft der Milde und Wärme des Herzens
wieder zu entdecken.*

*Die tiefe Liebe, die gepaart mit Demut allem Leben
gegenüber, aus dem Inneren erwächst und euch
zu großen Taten beflügelt.*

*Ihr braucht nur eure Hände aufzuhalten,
zu bitten und ihr werdet empfangen.*

*Denn mit der Kraft der in euch wohnenden Liebe
des Einen, ist alles wandelbar.*

* * *

IV. Die Berührung der Engel spüren

D abei geht es diesen Wesen vor allem darum, uns durch ihre lichtvollen Berührungen, wieder in eine höhere Schwingung der Harmonie und damit Heilung zu bringen. Sie geben den Impuls, unser Leben neu bis hin zur Selbstverwirklichung auszurichten.

Wer mit den Engeln zusätzlich die Verbindung über das Channeln, das innere Sehen anstrebt, wird weit mehr als nur Antworten auf Fragen des Lebens erhalten. Durch das, bei einer geistigen Reise über das dritte Auge erfahrene Licht, wird jede suchende Seele, geistige Bereicherung zu ihrer Vervollkommnung erlangen.

Um sich selber zu vervollkommnen und Selbstverwirklichung im Leben zu erhalten, ist es unabdingbar auf die innere Stimme der Intuition zu hören. Über diese innere Stimme sowie das Gespür, ich nenn es mal das Bauchgefühl, haben die geistig hoch stehenden Wesen zusätzlich die Möglichkeit, mit uns in Kontakt zu treten.

Vorraussetzungen, um Verbindung zu den Engeln zu erhalten

Mit den Engeln, dem geistigen Führer sowie dem Meister in Verbindung zu treten, ist nur möglich, wenn unser Wunsch von wahrer Herzensliebe und nicht von Sensationslust geprägt ist. Sollten stattdessen Experimente zur Verbindung, mit irgendwelchen Geistwesen nur aus Neugier und Sensationslust stattfinden, werden Engel und geistig hohe Wesen nicht darauf reagieren. So kann es vorkommen, dass die so genannten Poltergeister sich in dieses, als Spiel zu bezeichnende, Geschehen einmischen.

Daher ist es wichtig, mit dem nachdrücklichen inneren Wunsch an die Verbindungsaufnahme heranzutreten. Um den wahren Kontakt aufzunehmen, findet man in der Neuoffenbarung Gr. Evangelium, Bd. 1, 92, von Jakob Lorbeer unter Jesus Worte:

Gott wird dem Bitten und Suchen des Menschen allzeit auf dem kürzesten Wege entgegenkommen, wenn es dem Menschen mit seinem Suchen und Bitten vollkommen ernst ist. Sucht und bittet der Mensch aber nur versuchsweise, um sich zu überzeugen, ob an Gott und dessen Verheißungen etwas Wahres sei, so wird er von Gott nicht angesehen und erhört werden; denn Gott in sich selbst ist die reinste Liebe und kehrt sein Antlitz nur denen zu, die ebenfalls in der reinen Liebe ihres Herzens zu ihm kommen.

Die Engel und Meister werden dabei, nicht nur von unserer Herzenswärme, der für sie sichtbaren Strahlung des Herzchakras angezogen, sondern auch von inniglich gesprochenen Gebeten.

Gebete sind für Engel und andere geistig hoch stehende Wesen wie Süßigkeiten, denen sie gerne nachfolgen. Dabei spüren und sehen diese Wesen sofort, ob Gebete nur der Schau dienen oder einen ehrlichen Hintergrund haben.

Vorraussetzungen zusammengefasst:
a. mit innerer Wahrhaftigkeit, dem reinen Herzen, den Kontakt suchen,

b. mit einem Gebet die geistigen Wesen an die Seite bitten,

c. den Kontakt, die geistige Verbindung über Aktivierung der Hellfühligkeit wahrnehmen.

Durchsage von Metatron

Eure Vorstellungskraft ist das verbindende Element mit uns Engeln. Erst ist da euer Gedanke, dann die Vorstellung in eurem Inneren. Diese Vorstellungskraft ist es, welche der tief in Euch wohnenden Seele den Impuls eingibt, das Herzchakra zu öffnen, um sich mit uns zu verbinden.

In Verbindung mit uns, und damit in Verbindung mit der reinen Energie des Lichts, kann alles werden.

Gebt Euren Gedanken eine lichtvolle Form, damit diese Strahlen sich mit uns verbinden können.

Das ist der Prozess der Schöpfung, in ewiger Erneuerung bis hin zum Tage des jüngsten Gerichts, wenn alles in die Vollkommenheit des Lichts zurückkehrt. Dann wird es nur noch ein gleichsames und friedvolles Strahlen aller Seelen im Einklang geben.

Dies überprüft - und ihr werdet die Welt verändern. So werdet ihr ausgestattet werden, mit der reinsten und höchsten Energie.

Metatron, der ich bin, durch die Hand Gottes.

zu a: *Wahre Herzensliebe zur Kontaktaufnahme ausstrahlen*

Das bedeutet mit der Fokussierung auf das Gute, die Kontaktaufnahme zu den Engeln zur geistigen Welt anzusteuern. Denn nur mit dem ernsthaften Herzenswunsch, diesen Kontakt herbeizuführen, kann eine Verbindung erfolgen.

Dabei ist es wichtig, dass sich das Herzchakra öffnet, da für die geistige Welt, Strömungen dieses Chakras als hellrosa Strahlen sichtbar sind.

Diese Strahlen, für nicht hellsichtige Menschen unsichtbar, haben eine sehr feine Frequenz. An diese heften sich kleinste Informationen unseres geistigen Strebens, unserer Erwartungshaltung an.

Mittels unserer geistigen Vorstellung sowie der Frequenz der Liebe, entfaltet sich so eine lichtvolle, schwingende Kraft. Diese Schwingung ist in der Lage sich mit den Engeln sowie dem erbetenem Wunsch zu verbinden.

Zu b. *Mit einem Gebet die geistigen Wesen an die Seite bitten*

Wie schon erwähnt, sollte diese Kontaktaufnahme über ein Gebet in Verbindung mit dem Öffnen des Herzchakras stattfinden. Aber welches Gebet ist in dieser Situation angemessen und wie betet man richtig – werden Sie jetzt fragen? Wie schon angesprochen, fühlen sich die Engel von mit Liebe gesprochenen, dabei ernst gemeinten Bittgesuchen sowie Gebeten angezogen.

Sobald diese feinfühligen Wesen derartige Gebetsfrequenzen wahrnehmen, sind sie in der Verantwortung, diesen aufsteigenden Wünschen nachzugehen. Sie sind verpflichtet sich des Vorgangs anzunehmen, die Bittgesuche an höhere Stellen weiter zu leiten oder gegebenenfalls selbst zu handeln.

Hinsichtlich des Betens sollten Sie sich im Vorfeld darüber Gedanken machen, was *Beten* überhaupt ist. Warum beten wir, welche Formen von Gebeten gibt es? Welche Gefühle hatten Sie zuletzt beim Beten? Und was möchten Sie mit Ihrem Gebet bewirken?

Wenn Sie nun darüber sinniert haben, wird Ihnen klar geworden sein, dass der große Teil an Gebeten ohne Gefühl, meist nur von einem Blatt in der Kirche, abgelesen und gesprochen wird. Oder es wird, da es schon seit Jahrzehnten gesprochen wird, aus dem Langzeitgedächtnis wie ein Gedicht aufgesagt – ohne dem Ganzen noch eine besondere Bedeutung, beizumessen.

Stattdessen befasst sich die Vielseitigkeit des Geistes, der auf so vielen Ebenen wirkt, meistens schon wieder mit einem Geschäftsabschluss oder dem nächsten Einkauf.

Wahres Beten ist dabei sehr einfach und nicht von dem Besuch einer religiösen Stätte abhängig. Beten kommt im Ursprung von Bitten, ein Bittgesuch nach oben schicken. Und dies praktizieren die Menschen schon seit Jahrtausenden, schon bevor Religionen sich dieser Praktik angenommen haben.

Wenn Sie wissen was Sie mit ihrer Fürbitte bezwecken möchten, dann sollten Sie mit ganzem Herzen und Ernsthaftigkeit diese Fürbitte, ihr Gebet, sprechen und gleichzeitig visualisieren.

Vorgehensweise:
Nehmen Sie sich Zeit, zünden Sie eine Kerze an und bringen Sie, wenn möglich, den Duft frischer Blumen oder ein Räucherstäbchen in den Raum ein. Schaffen Sie sich eine Oase der Ruhe, in welcher Sie für wenigstens 20 Minuten ungestört sind.

Setzen Sie sich in eine offene Position mit nach oben gerichteten Händen, denn schließlich wollen Sie ja empfangen. Öffnen Sie sich dabei den kosmischen Schwingungen der Engel mit ihrer Vorstellungskraft sowie einem Gebet, wie zum Beispiel:

Geliebte Freunde aus der geistig hohen Welt, hiermit öffne ich mich euren lichten Frequenzen der Liebe, Harmonisierung, Weisheit, Heilung, des Schutzes und dem Segen des Vaters – Amen.

Oder beten Sie das *Vaterunser.*
Während Sie beten stellen sie sich das Erwünschte, den Inhalt ihres Gebetes vor. Visualisieren Sie die mit diesem Gebet verbundenen Strahlen der Engel. Stellen Sie sich dabei je nach Gebet vor, wie zum Beispiel die Strahlen die Erde und seine Geschöpfe berühren. Genauso sollten Sie ihren Wunsch, vor ihrem geistigen Auge, in hellstem Licht erstrahlen lassen. Nur durch das von Ihnen hineinvisualisierte Licht, bekommt der Wunsch zusätzliche Schwingung. – Dunkle Strahlen dagegen sind schwer und haben keine Kraft zum Aufstieg.

Wenn Sie das Gebet mit wahrer Herzensliebe gesprochen und sich in die Ausführung jedes Satzes hineingefühlt sowie mit Ihrem inneren Auge fokussiert haben, sollte der Erfolg nicht lange auf sich warten lassen.

Sie können das Gebet mit Ihren eigenen Worten weiterführen, sollten sich aber auf jeden Fall bei unser allem Vater, seinem Sohn, Allah, Manitou oder welchen Namen Sie *dem Allerhöchsten* auch geben, bedanken. Auch bei den Engeln sollten Sie sich für die die Erhörung bedanken, so als wäre ihr Wunsch bereits erfüllt.

Bei all den Gebeten ist es wichtig, nicht zu vergessen, dass alles was sie erbitten nur sein darf so es auch *der Wille des Vaters* ist und nicht nur der eigene.

So wird es in allen Glaubensrichtungen bereits seit Jahrhunderten, auf die jeweils eigene Weise praktiziert. Dabei gibt es durchaus eine Berechtigung, Belange, die sich nicht auf irdische Weise lösen lassen, unter diese hohe Macht zu stellen.

Machen Sie sich dabei bewusst, dass dieser große Geist, die Schöpfung oder wie immer Sie es nennen möchten, besser weiß, was gut für die Seele ist. Schließen Sie daher ihre Bitte mit den Worten: *Herr Dein Wille geschehe*, oder *Om namaha Shivaya*, in welcher Sprache Sie es auch immer benennen möchten.

zu c. *Kontakt durch Hellfühligkeit wahrnehmen*

Wenn Sie die geistige Welt der Engel und Meister mit einem Gebet an Ihre Seite gerufen haben, können Sie die Engel und Meister bitten, ihnen ein Zeichen ihrer Anwesenheit zu geben und ihre Hände zu berühren. Halten Sie dazu einfach Ihre Hände mit den Handflächen bittend nach oben.

Warten Sie ab, was danach passiert. Achten Sie auf Ihr Körpergefühl. Wenn Sie sich trauen, tasten Sie die Umgebung zu beiden Seiten in der Luft mit den Händen ab.

Nehmen Sie ein Gefühl wahr, dann halten Sie inne und spüren in sich hinein. Es kann sich um einen leichten Druck in der Handinnenfläche oder ein leichtes Kitzeln handeln. Haben Sie dieses Kribbeln, diese zarte Berührung wahrgenommen, verbunden mit einem angenehmen Gefühl? Dann sind Sie bei Ihrer Kontaktaufnahme ein großes Stück weiter gekommen.

Nachdem Sie so die Aufmerksamkeit der geistigen Welt auf sich gelenkt haben, können Sie anfangen, der geistigen Welt Fragen zu stellen.

Antworten werden Ihnen über einen Händedruck, das geistige Hören oder Sehen, je nach Entwicklungsgrad Ihrer Seele, beantwortet. Achten Sie darauf, dass Sie in dieser Stufe der hellfühligen Wahrnehmung nur Fragen stellen, welche mit Ja oder Nein beantwortet werden können.

Die Fragen sollten nicht nur aus Sensationslust sondern aus wahrem Interesse entstanden sein. Sicher fragen Sie sich, ob Sie tatsächlich mit einem geistig hohen Wesen, einem Engel verbunden sind?

Sie können sich absolut sicher sein, dass Sie mit einem geistig hohen Wesen verbunden sind, sofern Ihre Gedanken verbunden in Liebe, nur dem Schöpfer mit seinen Engeln und nur den Meistern gelten. *Denn dem Gedanken folgt die Kraft.* Sollten Sie noch keine Erfahrungen hinsichtlich der Berührungen und Hellfühligkeit gesammelt haben, gibt es einfache Übungen in Kapitel VII. um dieses Gefühl zu aktivieren.

Die Kraft eines innigen Gebets

Die subtil spürbaren Einströmungen von Energie, die ich über das Gebet erleben kann, sind derart seelisch und körperlich bereichernd, so dass das Gebet fester Bestandteil meines Lebens geworden ist.

Dabei helfen die Kräfte eines Gebets nicht nur, den Körper in einen Regenerations- und Reinigungsprozess zu versetzen. Selbst das Bewusstsein erfährt die Form einer Neustrukturierung, die dazu führt lang ersehnte Lösungen zu erkennen. Der Geist kann nach dem Gebet wieder voller Konzentration seinen Aufgaben nachgehen und klar erkennen.

Durch das tägliche, innige und konzentrierte Gebet, wird die eigentliche Persönlichkeit, Stück für Stück zurück erlangt. Die Entwicklung von Geist und Bewusstsein werden angeregt.
Von dieser Wandlung profitiert auch der physische Körper, denn dieser wird entspannt und von dem Gefühl einer tiefen Zufriedenheit erfüllt.

Selbst körperliche Folgen des Alterns werden, durch die beim Beten einströmenden, hohen Energien, gemildert. Ein Gebet mit innerer Fokussierung auf die göttliche Einstrahlung der Engel, verjüngt nicht nur körperlich sondern auch geistig.

Das über ein Gebet zusätzlich selbst belastende Energien und Krankheiten vermindert oder gar ganz geheilt werden können, wird in der heutigen Zeit leider immer noch oft als Humbug und Einbildung abgetan. Und dies, obwohl selbst Reiki mittlerweile anerkannt wird.
Dabei hat jeder von uns schon von den alten Geschichten gehört, wo Dorfmütterchen mit ihren Gebeten und Beschwörungen Heilung erzeugt haben. -Früher hätte ich darüber gelacht, bis ich eines besseren belehrt wurde. Auch diese Phänomene werden heute über die Quantenphysik erklärt. Dabei hat man wissenschaftlich nachgewiesen, dass die Liebe, der innige Wunsch des Heilers etwas zu bewirken, maßgeblich an der Heilung beteiligt ist.

Das Gebet ermöglicht:

*	einen klaren, wachen Geist,

*	Persönlichkeitsaufbau,

*	äußere und innere Stärke,

*	das Abgeben aller negativen Energien,

*	Überwinden von Hindernissen, Blockadenlösung

*	bewussteres Sein und damit Veränderung der Zukunft

Woher bekommt ein Gebet die wirkungsvolle Kraft, etwas im Leben zu transformieren, die Matrix der Zukunft zu verändern?

Es kommt auf die richtige Vorgehensweise beim Beten an. An welchem Ort Sie beten, ist dabei Nebensache. Sie sollten sich jedoch konzentriert in Ihr geistiges Innerstes begeben. Wenn Sie an diesem inneren, visionär vorgestellten Ort ihrer Wünsche angekommen sind, brauchen Sie sich nur noch aus tiefstem Herzen zu Ihm, unserem Vater, den Engeln, Allah – oder an wen das Gebet auch immer gerichtet ist, zu wenden und ihre Bitte vorzutragen.

Um über das Gebet Kontakt mit der geistig hohen Welt zu erlangen, helfen uns viele der geistigen Meister schon ohne unser Wissen. Insbesondere über den Weg der Meditation haben sie die Möglichkeit uns zu erreichen. In der Literatur finden Sie dazu weitere Anweisungen unter anderem von und über die geistigen Lehrer White Eagle, Jakob Lorbeer, St. Germain sowie viele weitere.

Das Wichtigste um mit einem Gebet eine wirkungsvolle Veränderung zu erzielen ist, dass ein Gebet aus wahrem Herzen gesprochen wird und das Sie das, was Sie erbitten, auch so innerlich fühlen und visualisieren.

Denn erst dann wird sich das Herzchakra öffnen und die strahlenden Frequenzen dieses Gebetes, angereichert mit ihrer Bitte, den Engeln zu Gehör bringen. Ein kaltes, gefühlloses Lippenbekenntnis dagegen hat keine Schwingung und somit keine Kraft zum Aufstieg. Nur diese Funken, diese Schwingungen sind es, die von der geistig hohen Welt angenommen werden.

Der Funke, die Schwingung, die uns allen vorauseilt, wird von der *Herzenswärme* in uns erzeugt. Diese, uns vorauseilende, Schwingung genauso wie die Wirkung von Gedanken auf Materie und Zukunft, wird von der Wissenschaft unter dem Begriff Quantenphysik erforscht. Wobei die Quantenphysiker davon ausgehen, dass sich Gedanken als elektromagnetische Felder, auf kleinster submaterieller Ebene, zu Feldern in einem Netzwerk formieren. Dieses Netzwerk wird auch als morphogenetisches Feld sowie als Matrix bezeichnet.

Und jedes Gebet ist in Verbindung mit den Informationen unserer Bitten sowie in Verknüpfung mit der geistig hohen Welt in der Lage, in dieses Netzwerk einzugreifen. Dabei können neue Verbindungen, neue Brücken geschaffen und alte abgebrochen werden.

Möchten Sie mehr über diese Wissenschaft erfahren, empfehle ich Ihnen die wissenschaftlichen Publikationen von Dr. U. Warnke, Universität Saarbrücken sowie Dr. William Tiller, Stanford Universität.

Um zu erfahren ob ihr Gebet wirkungsvoll wahr, achten Sie auf ihre Gefühle während des Gebets
Je mehr Sie in Ihren Fingerspitzen oder im Körper gespürt oder vor Ihrem inneren Auge gesehen haben, desto mehr haben Sie sich diesen kosmischen Schwingungen geöffnet.

Ein mit Herzenswärme gesprochenes Gebet kann Gefühle von wellenartigen Bewegungen bis hin zu leichtem Schwindel auslösen. Vielleicht nehmen Sie auch ein leichtes Streicheln, Gänsehaut, Wärme oder manchmal Schmerz wahr. Dies sind Symptome einer Öffnung und Ausreinigung der feinstofflichen, nicht sichtbaren Kanäle. Genauso weisen diese Symptome auf den Kontakt mit der geistigen Welt hin.

Endlich spürbarer Kontakt und Kommunikation mit den Engeln

Wenn Sie sich mit den Vorbreitungen für den Kontakt auseinandergesetzt haben, werden Sie in der Lage sein, noch intensiver mit den Engeln, in Verbindung zu treten.

Dazu halten Sie Ihre Arme leicht seitlich, mit den Händen nach oben. So, als wollten Sie ein größeres Paket in Empfang nehmen. Durch diese Haltung öffnen Sie sich den Strömen und Berührungen der Engel. Atmen Sie tief ein und freuen sich dabei, auf die Zusammenkunft mit den Engeln.
Bitten Sie die Engel an Ihre Seite. Sprechen Sie dabei mit ihnen, wie zum Beispiel:

Geliebte Engel, hiermit bitte ich euch an meine rechte Seite – und achten Sie gleichzeitig auf Ihr Gefühl der rechten Körperhälfte sowie Ihrer rechten Hand.
Bitten Sie die Engel danach an Ihre linke Seite, bitten Sie diese Geschöpfe hinter sich und vor sich. Achten Sie dabei

immer wieder auf Ihre Empfindung, an der jeweils angesprochenen Seite.

Erst werden Sie es kaum wahrnehmen, dann aber wie einen leichten warmen Luftzug empfinden, der Ihren Körper umrundet und sich neben Sie stellt. Immer an der jeweils angesprochenen Seite sollten Sie etwas spüren. Es ist ein nur ganz zartes, subtiles Wahrnehmen. Eher die Ahnung eines Gefühls.

Nun können Sie anfangen, den Engeln Fragen zu deren Anwesenheit und Aufgaben zu stellen, wie etwa:

„Ist ein Engel aus den Heerscharen Michaels hier? Dann antwortet mir bitte."

Achten sie erneut auf Ihr Gefühl in den ausgestreckten Händen. Jetzt sollten Sie einen bestätigenden Druck in einer Ihrer Hände wahrnehmen. Natürlich können Sie auch andere Bitten äußern. Auch darauf werden diese Wesen gerne eingehen, sofern Ihre Absichten ehrlich und keine Angst von Ihrer Seite, vor diesem Kontakt besteht.

Erleben Sie diese wunderbare, von Geborgenheit begleitete, Empfindung der Berührung.

* * *

V. Öffnung des Dritten Auges

Die Öffnung des so genannten Dritten Auges ist ein Prozess, der sich an geistiger Reife und Bewusstwerdung orientiert. Daher kann dieser Prozess nicht von einer vorgegebenen Zeit, ähnlich eines Schulkursus oder einer Operationszeit, abhängig gemacht werden.

Die Öffnung des Dritten Auges, auch Stirnchakra genannt, hängt eng mit der geistigen Ausrichtung der Persönlichkeit zusammen. Das dritte Auge ermöglicht es, den eigenen Weg, klar selbst zu erkennen und zu bestimmen. Dazu ist die innerliche, konzentrierte Ausrichtung auf die Selbstwahrnehmung des Weges notwendig.

Das Dritte Auge hilft uns bei der Entwicklung des Sechsten Sinnes, der Intuition. Gleichzeitig ist es eng mit der Pinealdrüse verknüpft, welche für die innere Aufnahme von Licht zuständig ist.

Wie schon beschrieben, ist dieses Licht für die Verbindung mit der geistigen Welt, wichtig. Das Dritte Auge sitzt etwa mittig zwischen Augenbrauen und Nasenwurzel. Die ihm zugehörige Farbe ist ein violett.

Was die Öffnung des Dritten Auges ermöglicht

Die Öffnung des Dritten Auges bringt viele Vorteile. Unter anderem ermöglicht dieser Durchlass den verstärkten Kontakt zu den Meistern und Geistführern. Und sofern Sie es geschafft haben, das Dritte Auge mit Hilfe der Engel und Meister vollkommen zu öffnen, werden Sie in der Lage sein, durch den Channel hindurch in eine andere Dimension zu gelangen.

Hinein in eine Ebene, in welcher Sie einen großen Teil Ihrer Antworten auf Fragen des Lebens finden werden.

Dazu gehört das so genannte Channeln von Situationen, die in Zukunft, Gegenwart sowie in der Vergangenheit liegen.

Aber was ist eigentlich bedeutet Channeln und wo liegt der Unterschied, hingegen der Hellsicht?
Das Channeln ist, wie sein Name sagt, eine Art Kanal. Durch diesen ist unser Geist in der Lage, sich mit Frequenzen zu verbinden, die in die Zukunft, Gegenwart und Vergangenheit führen. Genauso kann dieser Kanal zur Verbindungsaufnahme mit anderen Seelen genutzt werden.

-Dabei folgt man erst dem Wunsch etwas zu sehen, konzentriert sich auf das erwünschte Ziel oder auf eine lösende Antwort im Inneren.

-Daraufhin wird der Geist, wie von einer feinen, subtilen und lichten Spur gelenkt und geführt. Viele erleben dabei das Gefühl, durch einen lichten Tunnel gezogen zu werden, bevor sie an den gewünschten Endpunkt gelangen.

Die Hellsicht dagegen ist die Gabe des direkten Sehens, teilweise eines kontinuierlichen Sichtkontakts, hin zu allen möglichen Wesenheiten. Dies ist nicht immer angenehm und kann sehr verwirrend auf die Seele wirken.

Das Channeln ermöglicht stattdessen, die auf ein Ziel gerichtete, visuelle Kommunikation mit Engeln und Meistern. Von Seiten der Meister wird über die Channelebene dabei meist stillschweigend, auf symbolische Art, geantwortet. Sollte das Dritte Auge, bei Ihnen noch nicht geöffnet sein, so empfehle ich Ihnen die dazu gehörigen Übungen ab Kapitel VII.

Sofern dieser Zugang geöffnet ist, ermöglicht er nicht nur Antworten. Dieser Kanal ermöglicht es auch, mit Hilfe der Engel und Meister, Zuflucht und Erholung für die Seele in den geistigen Ebenen zu finden.

Die Öffnung des geistigen Auges funktioniert dabei nicht nur im bewussten Zustand sondern auch während des Schlafes. Wenn wir den Engeln und Meistern einmal im Vertrauen unsere Hand gereicht haben, werden sie uns auch über den Schlaf mit wichtigen Informationen füttern. Diese Funktion verschafft uns unter anderem, einen Einblick in die Zukunft und hilft, in der Verbindung mit der geistig hohen Welt, Vergangenes aufzuarbeiten.

Dazu folgende Geschichte, die ich eines Nachts erlebte, als ich von der geistig hohen Welt, durch den Channel, in die andere Ebene gezogen wurde.

Schnell schlief ich ein. Während ich mich in der Nacht im Bett wälzte, sagte mir mein Bewusstsein, dass ich nicht allein im Raum war. Ich konnte spüren, wie sich etwas Großes und energetisch Helles durch die Bettdecke an meine Seite drückte. Wieder fiel ich in einen tiefen Schlaf und erwachte in einer anderen Dimensionsebene.

Diesmal befand ich mich in einem weiten grünen Tal, sah einige weiße einfache Häuser, die aus nur zwei Etagen und einem flachen Dach, einer Terrasse gleich, bestanden.

Eine junge Frau mit einem hellen, geblümten Sommerkleid stand in einiger Entfernung. Während sie ihr langes schwarzes Haar kämmte, blicke sie in meine Richtung.

Vor ihren Füßen pickten einige Hühner am Straßenrand. Scheinbar wartete sie auf mich. Sie ging in eines der Häuser, während sie mich ansah. Ich folgte ihr. Die Einrichtung des Hauses war einfach. Der Fußboden lag voll vom herein getretenen Straßensand. Vielen offene Fenstern und Türen luden zum Betreten ein. Es war ein einfaches, weißes Haus, mit einer Holztreppe im Inneren, in dem ich mich gleich wohl fühlte.

Ich war dort nicht allein. Noch einige andere Seelen, die mir sehr vertraut waren, fand ich in diesem Haus. Sie boten mir einen Ruheplatz an, den ich gern annahm. Doch worauf warteten wir hier? Ich fühlte mich entspannt und schlief in meinem vermeintlichen Traum erneut ein. Dann war es, als würde ich – nach einer Tiefschlafphase – erwachen und vernahm eine Stimme, obwohl niemand weiter im Raum war:

„Lebe dein Leben und nicht das der Anderen. Erfülle die Aufgaben deines Lebens, nur dann kannst du glücklich werden!"

Schnell war ich wieder zurück in der Traumebene. Dort war ich jetzt alleine im Halbdunkel des Hauses und ahnte den baldigen Sonnenaufgang draußen am Meer. Daher verließ ich das Haus durch die geöffnete Hintertür. Gleißend schimmerte mir die Oberfläche des Meeres durch die Strahlen der aufgehenden Sonne in die Augen.

Und schon war ich am Strand. Es war ein Augenblick, der mir das Wort *Ewigkeit* ins Gedächtnis holte.
Wie schön, dachte ich, endlich *Freiheit* und watete dabei in das erfrischende Nass, um zu schwimmen und zu genießen.
Leider wurde ich ins Wachbewusstsein zurück gerufen.

Enttäuscht und erstaunt blinzelte ich ins dunkle Schlafzimmer. Doch erneut schlief ich ein und öffnete die Augen in der anderen Ebene.

Dort war es Tag geworden und ich befand mich mit vertrauten Seelen auf einer Wanderung, hoch oben auf dem Berg. Wir gingen durch einen Felstunnel und betrachteten dabei die Schönheiten einer bizarren Felslandschaft. Rund herum gab es jetzt grüne Rasenflächen. Vor uns ein blauer See, darüber ein Freiheit verheißender, nahezu blauer Himmel. Dieser vermeintliche Traum streichelte meine Seele.

Nach dem Aufstehen, ließ mir dieses Traumgeschehen keine Ruhe. Ich befragte die geistig hohe Welt, wobei immer einer meiner geistigen Führer für die Antworten zuständig ist.

Durch ihn bekam ich die Antwort, dass dies kein Traum war, sondern die Realität einer anderen Dimension in der Zukunft. Es waren die Geister meiner verstorbenen Großmütter, natürlich unter dem Zuspruch meiner Schutzengel und Meister, die mich in dieser Nacht über das geöffnete Dritte Auge, in diese Zukunftsdimension geleitet hatten.

Mit diesem Traum wollten sie mir Kraft und Zuspruch widmen und mir zeigen, dass ich nicht unter einer Einbildung leide sondern auf dem richtigen Weg bin. Rückblickend kann ich sagen, dass mir meine Zukunft gezeigt wurde, in deren Realität ich jetzt angekommen bin.

Ein Weg zur Selbstverwirklichung

*Und was ihr bitten werdet in meinem Namen, das will ich tun,
auf das der Vater geehrt werde in dem Sohne.*
Luther Bibel, Johannes 14,Vers 12-14

Alle Erfahrungen die ich hinsichtlich geistiger Wünsche und
Bitten gesammelt habe, weisen den gleichen Weg zu
Wunscherfüllung sowie zur Selbstverwirklichung auf.
Die Zeit hat mir gezeigt, dass es nicht ausreicht nur aus tiefem
Herzen zu wünschen um dann einfach zu warten was passiert.

Nach der so genannten Bittstellung, sollte alles getan werden
um die passende Richtung zum Ziel, zur Wunscherfüllung
einzuschlagen. Und an diesem Punkt wird es schon wieder
schwierig. Es gibt viele Wege und Möglichkeiten. Wie erfährt
man, welches der beste Weg zur Selbstverwirklichung ist?

Die Kenntnis vom besten Weg, liegt zumeist schon lange
schlummernd in unserem Inneren. Um diese zu erfahren, heißt
es auf die innere Stimme, das Bauchgefühl zu hören sowie der
Führung durch Engel, geistige Führer und Meister zu
vertrauen. Wenn Sie diese Stimme noch nicht vernehmen
können, so bitten Sie erneut die für Sie zuständigen geistigen
Wesen und Engel an ihre Seite. Dieses Mal über eine
Verbindung, durch Gebetsmeditation.

Wünschen Sie sich Antworten sowie Führung durch die
geistig hohe Welt. Dies müssen Sie sich aus der Tiefe ihrer
Seele kommend wünschen. Seien Sie dabei bereit, die
geistige Einstrahlung, getragen durch die Engel, in jede Zelle
ihres Ichs aufzunehmen. Der Weg der nun die Richtung
weisen kann und Antwort gibt, führt über eine
Gebetsmeditation, durch das Dritte Auge und den Channel hin
zu den Ebenen der geistigen Wesen.

Sind Sie bereit?

Wenn Sie bereit sind eine Reise durch das Dritte Auge in die geistigen Ebenen zu tätigen, dann sollten Sie sich einen Moment Zeit nehmen. -Finden Sie Ihren Ruhepunkt und bitten Sie, wie bereits beschrieben, um Hilfe, Schutz und Wegführung durch ihre Engel, geistigen Führer bis hin zum Meister. Schließen Sie danach Ihre Augen und atmen Sie tief ein und aus.

Konzentrieren Sie sich auf Ihr Drittes Auge. Dazu richten Sie die Blickrichtung in Ihrem Inneren auf den hellen Punkt zwischen Ihren Augen aus. Gleichzeitig sollten Sie weiterhin an die Zusammenführung mit Ihrem geistigen Führer oder dem Meister denken sowie an die Frage, welche ihr Herz bewegt.

Suchen Sie im Inneren den Weg zu diesem Lichtpunkt. Nähern Sie sich dem Lichtpunkt und versuchen Sie in die Helligkeit einzutreten. Schauen Sie sich in Ihrem geistigen Inneren auf dieser Ebene um. Sie werden erkennen, dass Sie in einer Art Tunnel angekommen sind. Dies ist der Channel.

Für jede Seele, je nach Reifegrad und Tagesform, kann dieser Übertritt etwas anders aussehen. Für die eine Seele ist der Übertritt durch einen violettblauen Lichtpunkt, auf die andere Ebene, sofort sichtbar.

Andere müssen erst durch einen Tunnel gehen, der immer heller wird und schließlich in einem goldenen Ton schimmert. Gleich darauf führt dieser durch gleißendes Licht hindurch, in die für jede Seele individuell bestimmte Ebene der geistigen Verbindung. Diese Ebenen werden je nach Glaubensrichtung unterschiedlich beschrieben. Lassen Sie sich dadurch nicht verwirren.

Die für uns Irdische zugänglichen Dimensionen sind nur eine Art Zwischenebene. Auf dieser Ebene bewegen sich gleichermaßen die noch wandernden Seelen der Heimgegangenen, bevor sie ihre Ebenen erreichen.

Genauso unterscheiden sich auch die Ebenen der Engel und die der geistig hoch stehenden Meisterseelen. Dennoch greifen die Dimensionsebenen ineinander und sind für die Engel und Meisterseelen somit durchlässig.

Wir Menschen hingegen bekommen nur einen kleinen Zutritt. Dabei ist es uns aber noch nicht gestattet, die Ebenen der heimgegangenen Seelen zu betreten. Dessen ungeachtet können wir über den Channel, sofern dies vom karmischen Rat und den geistigen Führern gestattet wird, mit ihnen Kontakt aufnehmen.

Der karmische Rat ist ein Gremium, bestehend aus aufgestiegenen Meistern. Diese ziehen eine Bilanz über den Werdegang einer jeden Seele nach den geistigen Gesetzen. Dies geschieht stetig im Einklang mit den Taten, Handlungen und noch zu absolvierenden Prüfungen dieser Seele. -Dabei trifft der karmische Rat Entscheidungen über die Öffnung von neuen Möglichkeiten und damit Chancen, als auch die Erfüllung von tief greifenden Wünschen.

Wenn Sie auf der für Sie bestimmten Ebene angekommen sind, schauen Sie sich um. Suchen Sie nach Zeichen und Antworten auf ihre inneren Fragen und Wünsche.

Zukunft gestalten- Selbstverwirklichung erlangen

Die Zukunft einer jeden Seele ist durch das Karma bis zu einem gewissen Punkt vorbereitet. Es ist, ähnlich wie ein Brettspiel oder einem Netz mit verschiedenen Stationen und Verknüpfungen ausgestattet, an denen Verfügungen getroffen und Prüfungen abgelegt werden. Diese Prüfungen sind notwendig um unser Bewusstsein zu schulen und uns Erkenntnisse zuzuführen.

Dabei bestimmt der Verlauf dieser Situationen darüber wie es im Spiel des Lebens weitergeht. Haben wir die richtigen Erkenntnisse aus dieser Prüfung gezogen, geht es leichter und schneller voran im Leben. Wurde keine Kenntnis genommen, muss dieses Spielfeld erneut durchlaufen werden. Zwischen diesen Prüfungsstationen dagegen, hat jede Seele die Möglichkeit ihren Weg anhand eines neuen Bewusstseins und Veränderung ihrer Handlungen zu wandeln.

Bei diesem Prozess helfen uns die Engel und Meister, indem sie uns das fehlende Bewusstsein stückchenweise, über die tägliche Ausrichtung auf den universellen Geist, in der Meditation vermitteln. Wie bereits vorangehend beschrieben, kann dies über bewusstes Fragen in einer Gebetsmeditation mittels Hellfühligkeit sowie über den Channel erfahren werden. Beim Gestalten der Zukunft ist es ähnlich.

Vorgehensweise:
Gehen Sie wie bereits beschrieben in die Channelebene hinein. Nehmen Sie dabei ihren Wunsch für die Zukunft mit. Bitten Sie die Engel und Meister, Ihnen bei der Realisierung Ihres Wunsches oder der Zukunftsgestaltung zu helfen. Visualisieren Sie ihren Wunsch.

Tauchen Sie Ihren Wunsch während der Visualisierung in möglichst helles Licht. - Bleibt dieser Wunsch, vor ihrem geistigen Auge, entgegen ihren Visualisierungs- und Erhellungsversuchen im Dunkeln, so ist dieser Wunsch so nicht vorgesehen. –Achten Sie stattdessen darauf ob sich etwas anderes vor ihrem geistigen Auge entwickelt. Denn über diesen Weg bieten die Meister nun die Chance, einen besseren und einfacheren Weg zu erfahren.

Sollte dieser Wunsch aber in hellem Licht dastehen, so müssen Sie nur noch auf den Weg dahin achten. Welche Informationen liegen jetzt auf dem Weg? Was muss noch aufgeräumt werden? Und welche Aufgaben sind mit diesem Wunsch verbunden. Achten Sie auf alles und Sie werden brauchbare Informationen zur Umsetzung in die Realität mitnehmen.

Sind in dem inneren, geistigen Bild noch dunkle Stellen zu erkennen, so bitten Sie um Auflösung. Mit Hilfe des magentafarbenen Strahls der Liebe und Wandlung kann viel gelöst werden. Stellen sie sich dazu vor wie der magentafarbene Strahl der Liebe, die noch vorhandenen dunklen Stellen umhüllt und schließlich auflöst.

Bevor Sie dieses Bild verlassen, bedanken Sie sich für Ihren Wunsch, so als wäre er Ihnen bereits erfüllt worden. Dies sollten Sie so oft wiederholen, bis das geistige Bild perfekt ist und Sie genügend Informationen zur Realisation erhalten haben. Richten Sie nun Ihre Aufmerksamkeit auf die Umsetzung in der Realität sowie die damit neu auftauchenden Fragen.

Ich kann Ihnen nicht versprechen, dass dieser Wunsch innerhalb der nächsten zwei bis zehn Jahre umgesetzt wird. Dennoch wird dieser aufgestiegene Wunsch nicht vergessen und bis zu seiner Erfüllung, im geistigen Netzwerk, eingespeichert. Selber habe ich erlebt wie eine Bitte, zwei Jahre nach seiner Äußerung, in die Erfüllung kam. Ich war sehr erstaunt, dass mir diese Bitte für den Aufbau einer Zukunft, wie ein Geschenk einfach vor die Füße gelegt wurde. -Was ich damals nicht wusste war, dass dieses Geschenk mit neuen Prüfungen und Erkenntnissen verbunden war.

Metatrons Durchsage 15.10.2010

Wandelt ihr auf dem Weg der Selbstverwirklichung braucht ihr Selbsterkenntnis. Selbsterkenntnis ist unverzichtbar.
Um diese Selbsterkenntnis zu erhalten ist es wichtig jeden Tag Rückschau auf das hinter euch liegende zu halten. Geht in die zurückliegenden Situationen hinein und hinterfragt eure Handlungen in Zusammenhang mit dem, aus welchem diese erwachsen sind. Haltet im Rhythmus des Tages inne und meditiert.

Öffnet eure geistigen Augen so, wie es auch die Buddhistischen Mönche und viele Weise schon seit Jahrhunderten tun. Dann werdet ihr erkennen, wo eure Handlungen gerechtfertigt waren um neue Wege zu öffnen, genauso wo ihr Karma erzeugt und dadurch Wege versperrt. Denn nur wenn ihr die Handlungen eures Handelns erkennt, seid ihr in der Lage Blockaden und Karma zu lösen sowie den Weg zur Selbstverwirklichung zu steuern. Verliert nie den Glauben an das Göttliche in Euch, dass jedem von Euch gegeben wurde um seinen Weg zu gehen. Denn nur so könnt ihr die göttliche Weisheit und Kraft erkennen, erforschen und letztendlich selber nutzen.

Die geheimen Botschaften der gechannelten Symbole und Bilder deuten

Nachdem Sie erste Bekanntschaften mit den Ebenen der geistigen Welt gemacht haben, werden sich einige Fragen aufdrängen. Sehr oft werde ich von meinen Kunden gefragt, ob dass, was sie durch das Channeln empfingen, der Realität entspricht. Genauso werde ich gefragt, ob es sich hierbei um Bilder aus der Vergangenheit oder der Zukunft handelt?

Darauf gibt es keine eindeutige Antwort. Die Antwort der gechannelten Informationen hat immer etwas mit Ihrem Inneren, mit dem Unterbewusstsein oder mit einer vorher gestellten Frage zu tun. Um eine Auskunft über das Geschehen in Verbindung mit Ihrem Leben oder der gestellten Frage zu bekommen, rufen Sie sich, das Ihnen offenbarte Bild und ihre Frage ins Gedächtnis zurück. Beginnen Sie nun zu analysieren. Was hat Ihnen das Geschehen vor ihrem geistigen Auge vermittelt? Haben Sie sich in dieser geistigen Ebene wohl gefühlt?

Wenn das Bild vor ihrem Inneren hell und einladend war, so ist dies ein Zeichen dafür, dass Sie mit Ihren Gedanken und Handlungen auf dem richtigen Weg sind.

-Ist auf der geistigen Ebene vor ihnen etwa die Wüste zu sehen, in deren Hintergrund sich ein Sandsturm zusammenbraut? Dann liegt auch hier die Bedeutung fast schon auf der Hand: Diese symbolische Situation zeigt an, dass eine in der Realität eingeschlagene Richtung geändert werden sollte sowie Maßnahmen zur Wegebnung ergriffen werden müssen. Achten Sie auf alles, was Ihre Aufmerksamkeit auf sich zieht.

Zum Beispiel ein Kind, das Ihnen einen Blumenstrauß überreicht bedeutet:

Ein glücklicher Neuanfang steht bevor. Genauso ist es bei anderen Symbolen, zum Beispiel von Tieren, die auch im schamanischen Bereich auf die Notwendigkeit von Kraft, Schutz oder Weisheit hinweisen. Achten Sie auf Ihr inneres Gefühl, wenn Sie die Situation betrachten. Fühlen Sie sich dabei wohl, dann sind Sie auf dem richtigen Weg und werden finden, was Ihnen als Frage auf dem Herzen liegt.

Geht es um eine Frage, eine andere Person betreffend, wird es da schon schwieriger. Wenn Sie sich mit Hilfe der Engel auf diese Person konzentriert haben, werden Ihnen nach einiger Zeit Bilder über den Ist-Zustand dieser Person oder deren Wunsch zugeführt. Auch Bilder aus vorherigen Leben können auf diese Weise empfangen werden, wenn die Seele dafür bereit ist.

Denken Sie bei all ihren Wünschen und Fragen daran: *Sie bestimmen, anhand der nach oben gesendeten Gedanken, Ihre Zukunft. Genauso können Sie diese verändern. Denn die Gedankenströme, vernetzt durch die Engelsboten, werden ins geistige Netzwerk eingespeist und finden ihre Resonanz. Daher achten Sie auf ihre Gedanken und kontrollieren Sie diese immer wieder auf ihren Inhalt.*

* * *

VI. Heilung und Wegführung durch Engel und Meister erfahren

*V*iele Krankheiten entstehen, wenn einem Menschen, die Erkenntnis für das *wahre Leben,* mit seinen Prüfungen fehlt. Anstatt bei Kummer und Sorgen das Leben wieder, mit einer veränderten Zielausrichtung freudig auszufüllen, lassen sich viele Seelen von ihrem Kummer regelrecht ersticken.

Sofern dieser Kummer nicht gelöst wird, dehnt er sich aus und kann Nerven und Organe des Körpers angreifen. Ein Geist, dessen Leben keine freudvollen Momente mehr kennt, verlernt das tiefe und richtige Atmen. Die Folgen sind eine Unterversorgung der Organe mit Sauerstoff und somit eine Unterfunktion der Organe. Das Immunsystem wird schwächer, der Körper erkrankt.

Versuchen Sie einmal mit einem kummervoll verzogenen Gesicht vernünftig Luft zu inhalieren. Es wird Ihnen schwerlich gelingen. In diesem Fall können die Erzengel, je nach Zustand der Seele helfen, den Körper wieder mit neuer Lebensenergie und Freude zu erfüllen. Der Körper wird zur Heilung angeregt. Lediglich ein *intensives Gebet* und die Visualisierung eines gesunden Körpers in den Strahlen der Engel stehend sind dazu notwendig.

Wenn Erzengel Raphael gerufen wird, kann er mit seinen Strahlen dabei helfen, die Krankheit zu lösen. Das allein ist trotzdem nicht ausreichend. Damit die Erkrankung nicht mit einem Bumerang-Effekt zurückkommt, müssen weitere Wandlungen, den Geist der kranken Seele betreffend, erfolgen.

Denn nur ein mit Freude und Zuversicht angefülltes Wesen, kann die Energie aufbringen, den Heilprozess dauerhaft zu stützen.

Bei einem Heilprozess, wirken außer dem Erzengel Raphael besonders unterstützend Erzengel Gabriel, mit seinen Strahlen der Erkenntnis als auch Erzengel Chamuel, mit den Strahlen der Liebe und Wandlung.

Die für die Rückkehr zur Ganzheitlichkeit und damit zur Gesundheit benötigten Erkenntnisse sowie Kräfte, lassen sich dabei am Besten über eine Gebetsmeditation erfahren. Über die Meditation und Vision in unserem Inneren können die Engel und Meister, für uns vorausschauend, Wege der Zukunft aufzeigen. Genauso können sie, aufgefordert durch unsere Fürbitten, den Weg entsprechend verändern.

Dies ist nur ein Weg, zu den wichtigen und freudvollen Zielen des Lebens, geleitet zu werden. Dabei hilft die lichtvolle innere Meditation, gelenkt durch die Kräfte der Engel und Meister zusätzlich, unseren Körper mit spürbaren, heilenden Frequenzen zu versorgen.

Das Vorgehen zur Energetisierung des Körpers:

Damit Sie selbst diese lichtvollen Schwingungen erfahren sowie Harmonisierung und Verbesserung des körperlichen Wohlbefindens erlangen, bitten Sie als erstes die Engel an Ihre Seite. Dabei speziell den Erzengel Raphael. Wie etwa mit dieser Bitte: *„Hiermit bitte ich euch Engel zur Harmonisierung und Heilung des Körpers an meine Seite."*

Besonders den Erzengel Raphael:
„Erzengel Raphael, ich bitte dich, lege deine Hände über die meinen Hände und hilf mir, diesen Körper zu harmonisieren und zu heilen."

Halten Sie Ihre Hände über den Kopf, mit den Handflächen nach oben. Bitten Sie dabei um grünblaues *Sternenlicht* zur Harmonisierung sowie das violette Licht der Heilung. Während Sie bitten, sollten Sie das, was Sie sich wünschen, auch in Ihrem Geiste vorstellen. Fokussieren Sie diese farbigen Strahlen vor Ihrem geistigen Auge. Visualisieren Sie, wie diese in ihre Handflächen fließen.

Wurden Ihre Bitten erhört, können Sie die Kraft der Strahlen, in Ihren zu Schalen geformten Händen, erspüren.

Gleich nachdem Sie um dieses Sternenlicht bitten, werden die Hände bei Erfolg spürbar schwerer und ein zartes, subtiles Kribbeln stellt sich ein. Dabei entsteht das Gefühl, als würden die Hände von kleinen, vibrierenden Sternchen angefüllt.

Jetzt brauchen Sie Ihre Hände nur noch vom Kopf, langsam sowie mit Bedacht, im Abstand über Ihren Körper gleiten lassen. Dies so, als wenn Sie sich ein neues, in diesen Farben funkelndes Kleidungsstück anziehen.

Während dieses Prozesses sollten Sie sich vorstellen, wie Sie durch jede Pore, hinein in jede Zelle ihres Körpers, dieses Licht in sich aufnehmen und einspeichern. Um diesen Vorgang der Erneuerung und Regeneration des Körpers zu stützen, können Sie ihrem Körper die zusätzliche Information geben:

"Hiermit befehle ich diesem Körper und all seinen Zellen, dass geistige Licht der Regeneration und Erneuerung, aufzunehmen!"

Sie werden spüren welchen Unterschied es macht, den Körper zusätzlich zur Visualisierung mit diesem Befehl anzusprechen. Probieren Sie es aus.

Dazu die Information: In jeder Zelle des Körpers ist nicht nur die DNA gespeichert, sondern es sind dort auch sämtliche Informationen über alle von der Seele bereits gelebten Leben, ihre Ängste und Blockierungen abgelegt.

Gleich nachdem Sie Ihre mit Licht gefüllten Hände über den Körper gestrichen haben werden Sie spüren, wie sich ein leicht prickelndes und den Körper erfrischendes Gefühl einstellt.

Um die Wirkung dieser Strahlung auf den Körper zu verstärken, sollten Sie den Fokus Ihres Geistes, besonders auf die Organe und Körperbereiche legen, denen Sie Heilung zukommen lassen möchten. Visualisieren Sie diese Stellen vor Ihrem geistigen Auge als gesund und von farbigen Strahlen umhüllt. Bitten Sie während dieses Vorgangs darum, dass alle blockierenden Energien Ihren Körper verlassen mögen.

Haben Sie diesen energetischen Vorgang beendet und die Strahlen über den Körper bis zu den Füßen herunter wirken lassen,vergessen Sie bitte nicht, sich bei den Engeln zu bedanken.

Erschrecken Sie nicht, wenn während dieser Durchführung kleine, scheinbar bewegliche, schmerzende Elemente Ihren Körper kurzfristig durchlaufen. Dies sind alte blockierende Frequenzen, welche nun aus dem Körper hinaus gekehrt werden.

Erbitten Sie danach Schutz und Segen - *sogleich wird dieser Segen spürbar den Körper umhüllen.* Die vorab aufgenommene Verbindung zu den Strahlen und damit zur geistig hohen Welt, sollte nach dem Gebet gelöst werden.

Sonst kann es zu einem energetischen Ungleichgewicht des Körpers kommen. Dazu reiben Sie einfach Ihre Handflächen aneinander.

Eine weitere Methode ist, die direkte geistige Ausrichtung auf die belasteten Organe des Körpers. Dazu muss die betreffende Person nicht anwesend sein.

Um dem Prozess der Heilung noch zusätzliche Kraft zu verleihen, arbeiten Sie mit dem Licht einer Kerze.
Am besten ist ein handliches Teelicht geeignet.

Vorgehensweise: Rufen Sie die Engel wie bereits beschrieben, über ein Gebet an ihre Seite. Nehmen Sie die noch nicht angezündete Kerze oder ein Teelicht, in Ihre rechte Hand, legen Sie die linke Hand locker darüber. Danach bitten Sie Erzengel Raphael, seine Hände über die Ihren zu legen. – Sollte Ihre Hellfühligkeit schon erwacht sein, werden Sie spüren wie ihre Hände zart, von einer Art geistigen Hand bedeckt werden.

Schließen Sie daraufhin Ihre Augen und gehen Sie durch Ihr Drittes Auge, hinein in den Channel. Suchen Sie den geistigen Weg hin zu der Person, welcher die Heilung zukommen soll. Damit Sie dieses Ziel erreichen, ist es unerlässlich sich diese Person in ihrem Inneren, vollkommen gesund vorzustellen.

Lenken Sie daraufhin, die heilenden Strahlen der Engel, das heilende Violett und die Strahlen die Sie für diese Person noch bevorzugen, auf die betreffenden Körperstellen und Organe. Sehen Sie den Körper nun durchsichtig vor sich und hüllen Sie die betreffenden Stellen sowie Organe mit den Strahlen ein. Beobachten Sie das weitere Geschehen, durch Ihr Drittes Auge. Sie werden erkennen wie dunkler Rauch die belasteten Stellen verlässt.

Gleichzeitig wird es in ihren Händen anfangen warm zu werden sowie zu kribbeln.

Sie nehmen nun aktiv, am Geschehen teil und leiten über ihren Körper sowie mittels Kraft der Engel, diese Belastungen hinaus. Nach einiger Zeit werden, der beobachtete Körper sowie die vorher belasteten Stellen, Ihnen heller erscheinen. Das Kribbeln in den Händen wird darauf hin abnehmen.

Abschließend sollten Sie den Körper in den regenerierenden und schützenden, goldenen Strahl hüllen. Schließen Sie diesen Vorgang ab, indem Sie ihre Hände aneinander reiben um die Verbindung zu lösen sowie das Kerzenlicht entzünden.

Dieser Vorgang kann mehrfach wiederholt werden. Trotzdem sollte bei gesundheitlichen Problemen nicht auf die Konsultation eines Arztes oder Heilpraktikers verzichtet werden.

Wenn Sie diese Gebetsheilung in tiefem Vertrauen zu den Engeln durchgeführt haben, werden Sie ein ganz neues Körpergefühl kennen lernen. Natürlich können Sie diese Form der Heilung mit Hilfe der Engel auch für ein Tier oder Pflanzen anwenden.

Das Spektrum der geistigen Lichtfarben und seine spürbaren Kräfte

Die Engel, die selbst aus einer Form von energetischer Strahlung bestehen, arbeiten wie auch die Meister mit den sieben Strahlen. Diese Strahlen wohnen auch, dem *Baum des Lebens* inne.

Dem Baum des Lebens wird nachgesagt, dass seine drei Säulen mit 22 Ebenen, die Unterteilung für die Energien des Geistes von der festen, grobstofflichen bis zur feinstofflichen Ebene des hohen Bewusstseins bilden. Diese Stufen sind gleichzeitig eingeteilt in die verschiedenen Aspekte der Engel.

Nach alten Überlieferungen durchdringt der Baum des Lebens, auch die geistige Stadt *Shamballah*, den Wohnsitz der aufgestiegenen Meister.

Schon in der Bibel Genesis 2,9 wird der Baum des Lebens als Baum der Erkenntnis im Garten Eden beschrieben, dessen Früchte, hier auch Strahlen der Erkenntnis, das ewige Leben vermitteln sollen.

Je nach wünschenswertem Aspekt wie Heilung, Weisheit, Schutz oder gar Veränderung von Eigenschaften, werden diese Strahlen in passend zusammengestellter Kombination von Meistern wie Engeln genutzt. Egal, welche Lösungen Sie auch anstreben; an erster Stelle sollte eine standhafte geistige Ausrichtung auf das Ziel stehen.

Die Lichtschwingung der sieben Hauptstrahlen:

des gelben Strahls: Dieser Strahl ist im Besonderen für ungeklärte Situationen geschaffen. Er hilft einen Zustand, den Weg vor Ihnen, neu zu beleuchten sowie ins rechte Licht zu setzen. Die Beleuchtung des Weges schenkt Klärung, Zuversicht und eine dadurch verbundene energetische Erneuerung, für die Seele.

des grünen Strahls: Diese hellgrüne, lichte Schwingung wirkt wie ein beruhigender, heilsamer Balsam auf physischer sowie auf psychischer Ebene des Körpers.
Gleichzeitig wirkt der in ihm enthaltende gelbe Ton stärkend, kräftigend und schützend auf das Nervensystem.

des blauen Strahls: Er hat überwiegend heilende Wirkung, kann aber auch zur Auflösung von hartnäckigen Blockaden wie ein Laserstrahl, ziel gerichtet, eingesetzt werden. Besonders im Bereich von Hals und Lunge schafft diese Schwingung, bewusst visualisiert, eine schnelle Erleichterung.

des magentafarbenen Strahls: Dies ist ein wichtiger Strahl, der nicht nur hilft schmerzhaft blockierende Situationen, sondern auch Menschen in Liebe, zu wandeln. Er ist sehr gut geeignet, schmerzhafte seelische Situationen, die sich für den Moment nicht ändern lassen, anzunehmen. Dies hilft nach dem Entwickeln von Erkenntnis, neue Lösungswege anzugehen. Dabei wirkt er sanft und liebevoll.

Er hilft Blockaden aufzulösen und führt die Seele wieder in den Fluss des Lebens zurück. Durch diesen Strahl können Ängste kompensiert werden. Besonders Kindern vermittelt er in Verbindung mit dem grünen Strahl das Gefühl von harmonischer Geborgenheit.

Allgemein hilft er, sich selbst zu erkennen und anzunehmen. In Verbindung mit dem violetten Strahl hat er noch eine stärkere Wirkung, da alte seelische Prozesse langsam gelöst werden. Gleichzeitig lösen sich innere Anspannungen, die sonst zu körperlichen Störungen führen können.

des roten Strahls: Er hilft bei einem allgemeinen Unwohlsein, einer beginnenden Infektion. Dabei kann dieser Strahl ein künstliches Fieber im Körper erzeugen. Hierzu sollten Sie sich vorstellen, dass ein Feuer den Körper durchdringt und alles, was dort nicht hingehört, verbrannt wird.

Ebenso kann dieses Licht auf der persönlichen Ebene, beim Umgang mit unharmonischen Personen helfen. Dort wo die Schwingung der wandelnden Liebe, des magentafarbenen Strahls nichts mehr ausrichten kann, kommt diese Frequenz zum Einsatz.

des goldenen Strahls: Diese Schwingung wirkt durch seine Strahlung wie ein energetisch nährender Honig, auf Zellen und Körper. Geistig eingehüllt in diese goldene Strahlung, bietet das Gold unseren *drei Körpern* einen verstärkten Schutz vor negativen Schwingungen.

des silbernen Strahls: Die Eigenschaft, die für Silber steht, ist der Mut, sich allen Situationen zu stellen. Er bietet Kraft und Ausdauer, sich in akuten Situationen schnell, wie mit einem Schwert, aus einer alten Situation zu lösen. Dieser Strahl sollte bei Seelen sensiblen Geistes nur in Kombination, mit dem violetten oder grünen Strahl, verwendet werden.

Die aus den Grundstrahlen zusammengesetzten Strahlen sind:

Violett: Das heilende Blau, gemischt mit dem warmen Rosa von Liebe und Nähe, hilft im psychisch-emotionalen Bereich Blockaden zu lösen. Bei Schwermut oder Depression hilft das wärmende Rosa dabei, sich selber wieder anzunehmen.

Zusammengesetzt aus dem Rot der Gerechtigkeit, dem Rosa der Liebe sowie dem Blau der Heilung, hilft dieser Strahl Befreiung, Ablösung von allem Alten und Krankheit zu erlangen. Dazu gehört auch, jeglicher Ballast geistiger Art sowie alte Moralvorstellungen, die sich nicht mehr mit einem durch Intuition der Seele erwachtem, neuen Bewusstsein vereinen lassen. Dabei reicht die geistige Einhüllung des ganzen Körpers in diesen Strahl, um Leichtigkeit zu erlangen.

Hellviolett: Demut und Sanftheit. Diese Farbe besteht aus den drei Komponenten: Silber, Weiß und Rosa. So können Ignoranz, Feindschaft, Aggression und ein zu hohes Ego mit strotzender Überheblichkeit, durch die Kraft der Liebe und Offenheit umgewandelt werden zu Demut und Sanftheit. Dies sind Eigenschaften, die immer in Verbindung zu einem höheren Bewusstsein stehen.

Grünrosa: Harmonisierung und Wandlung, ein sehr harmonischer und wärmender Strahl, der im Besonderen bei Gemütsleiden eingesetzt werden kann. Er trägt dazu bei, schwierige Situationen, bis zur Klärung und Wandlung, besser zu ertragen.

Grünblau: Dieser Strahl dient der intensiven Harmonisierung und Lösung von geistig quälenden Energien. Genauso dient er der Entspannung eines überstrapazierten Nervensystems und des Körpers, da dieser Strahl gleichzeitig löst und harmonisiert.

Hellblau: Diese Farbe steht für Erneuerung, Verbesserung und Aufnahme von Wissen und Weisheit. Mit diesem Strahl kann über eine Situation gewacht werden, damit alles mit rechten Dingen zugeht (Wahrheit). Damit eine Erneuerung mit dem Weiß des Strahls, nach erfolgter Reinigung durch das Blau, den gewünschten Erfolg bringt.

Königsblau mit Silber: Heilung und Schutz. Die Schwingung dieser Komponente hilft, eine verfahrene oder stagnierende Situation, mit neuer Energie in einen stabilen Status zu bringen. Dieser Farbstrahl ist auf unsichtbarer Ebene kraftvoll wie ein Laserstahl und trägt dazu bei, hartnäckige Blockaden zu erweichen und damit in den Status der Heilung zu bringen.

Rotgolden: Die beiden Farbkomponenten stehen für Gerechtigkeit und Disziplin. Dabei kann dieser Strahl helfen, eine unausgewogene Situation durch Gerechtigkeit und den Zufluss des nährenden Goldes in Ausgleich zu bringen. Dieser Strahl kann dabei helfen, erhitzte Gemüter ins Gleichgewicht zu bringen.

Goldorange: Verständnis und Toleranz wohnen diesem Strahl inne. Er hilft neuen Raum zu schaffen, indem er dazu beiträgt, Blockaden durch Erkenntnis und Erhellung der Situation zu entdecken und zu lösen.

Smaragdgrün: Die Stichworte dieses gemischten Strahls sind Freude und Wachstum.
Er schenkt der betreffenden Person, die Kraft und Ausdauer der blühenden Natur. Dabei hilft er die Augen wieder für wichtige elementare Dinge, wie die Lebensfreude, zu öffnen.

Lichtes Goldgrün: Das lichte Goldgrün schenkt Ruhe und Besonnenheit. Es hilft schwierige Wegstrecken ohne Druck, mit dem Schutz für das geistige Nervenkostüm, zu durchlaufen.

Strahlendes Weiß: Dies ist der Strahl, der Wahrheit und Offenheit zum Vorschein bringt. Er enthält in glitzernd kleinen Partikelchen Anteile von allen anderen Strahlen. Und nur durch die Kraft, die in ihm wohnt, können die anderen erstrahlen. Er ist wie ein kraftvoller Blitz. Wie ein Stromschlag, der die Kraft hat, alles andere zu entfalten. Allerdings sollte dieser Strahl nur bei großer körperlicher Abgeschlagenheit und nicht bei einem nervösen Leiden visualisiert werden.

Regenbogenfarben: Dieser Strahl steht für ganzheitliche Entfaltung, Kreativität und Flexibilität. Er beinhaltet alle Farben des Spektrums, bis auf Silber und Gold. Um in den Genuss des ganzheitlichen Spektrums des Seins zu kommen, benötigen Sie den regenbogenfarbigen Strahl.

Er schenkt der Seele ein großes Maß an Kraft zur Selbstverwirklichung, Selbstorganisation sowie für das Ziel benötigte Durchsetzungsvermögen. So wie der Regenbogen sich nach einem Gewitter in ganzer Pracht entfaltet, so gibt dieser Strahl mit der Erweckung schlummernder Talente die Kraft, das Leben besser zu meistern.

Hinweis:
Die Arbeit mit den Farbstrahlen bedeutet für den körperlichen Organismus, auf beiden Seiten, viel Arbeit. Dies gestaltet sich in Form von Gähnen, Müdigkeit, dem Sinken des Blutzuckerspiegels sowie Hunger für den Körper.

Wann dürfen Engel, Führer oder Meister nicht in das Geschehen eingreifen?

Bei den Prozessen der geistigen Weiterentwicklung werden wir oft durch Wunscherfüllung geprüft. Dies, um zu erfahren, ob dieser Wunsch geistig weit reichend war um dauerhaft glücklich zu machen.

Denn sofern die Auswahl der Wünsche nicht durch geistiges Wissen und Reife sondern aus Selbstsucht entstehen, werden diese Wünsche schnell zu einer großen Leere, anstatt zu einer Erfüllung führen.

Viele Menschen die vertrauensvoll anfangen mit den Engeln zu arbeiten, sind nach einiger Zeit enttäuscht. Wenn sich in ihrer Realität nichts von den Bittgesuchen sowie Heilgebeten niederschlägt, kann dies viele Ursachen haben:

- Wenn zur Erfüllung, die nötigte geistige Reife noch nicht gegeben ist. Dann wird der Wunsch zurückgestellt und zu einem späteren Zeitpunkt erfüllt.

- Eine andere Ursache ist geistige Blindheit, welche alles andere als zur Wunscherfüllung führen würde. Hier bemühen sich die Engel uns zu hindern, diesen Weg zu begehen. Manchmal wird dieser Wunsch trotzdem als Prüfung für unser weiteres Leben zugelassen. Dies dient dann dem Zweck, uns durch die Erfahrung des Schreckens, aus geistiger Umnachtung zu erwecken und zur Erkenntnis zu bringen.

- Ein ganz wichtiger Punkt: Wenn es nicht zur Erfüllung eines geistigen Wunsches kommt, können die in unserem Geist vorherrschenden Eigenschaften wie ein zu hohes Ego oder das Fehlen von Demut vor der Schöpfung, daran beteiligt sein.

- Sollte das der Fall sein, werden lediglich Bitten erfüllt, die im Anschluss an die Erfüllung zu einem Umdenken führen können.

Genauso kann es sein, dass die zu dieser Bitte benötigten Vorraussetzungen noch nicht erfüllt sind. Zu diesen können alte Aufgaben gehören, Lehren und Erfahrungen, die noch nicht abgeschlossen und im Lebensplan momentan wichtiger sind. Hinzu kann unser Schutzengel blockierend gewirkt haben, um uns vor Schlimmeren zu bewahren.

Und wenn gar kein Grund im *Jetzt* zu finden ist? Dann ist womöglich, dass Karma mit auf den Plan getreten.

Um dann zu ergründen, warum dieser Wunsch nicht erfüllt wird, sollte in die Vergangenheit geschaut werden; vielleicht sogar in ein vorheriges Leben. Das durch eine Rückführung oder über Channeln an die Oberfläche geholte, verschüttete Wissen, wird anzeigen was die Erfüllung blockiert.

Bei der Lösung dieser alten Blockierung kann dann, meistens nur noch, der *karmische Rat* helfen. Auch Ängste und der Glaube, dass dieses Verlangen bestimmt nicht erfüllt wird sowie ein Unglaube, vermag am Fehlschlagen eines Gesuchs beteiligt sein. Mit dieser Einstellung weisen Sie Wünsche regelrecht von sich.

* * *

VII. Anleitung und Übung

Übung zur Aktivierung der Hellfühligkeit

Begeben Sie sich in einen ruhigen Raum. Schalten Sie alle Störquellen, Radios, Mobiltelefone usw., aus. Schließen Sie Ihre Augen und entspannen Sie sich, indem Sie ein paar Mal tief ein- und ausatmen. Nun suchen Sie sich am besten eine Person oder eine etwas größere Pflanze zur Übung aus. Warum eine Pflanze, werden Sie sich jetzt fragen?

Pflanzen besitzen, ähnlich wie Menschen und Tiere, eine Aura. Sollte keine Pflanze den Raum bereichern so hilft es, den Partner oder eine andere Person zu bitten, sich für diese Übung zur Verfügung zu stellen. Dabei sollte das gewählte Objekt möglichst freistehend sein.

Begeben Sie sich darauf in eine Entfernung, von fünf bis neun Meter, vom gewählten Objekt. Strecken Sie Ihre Hände mit den Handflächen nach vorn wie ein Stopp–Zeichen. Schließen Sie die Augen und treten Sie ganz langsam auf die Person oder Pflanze zu.

Versuchen Sie dabei die Aura, des ausgewählten Objekts über die feinfühligen Nervenzellen der Handflächen, wahrzunehmen.

Bei Personen geschieht das Ertasten der Körper in drei, bei Pflanzen in zwei Abschnitten.

Bei einer gesunden Seele können Sie den Mentalkörper, durch das Abtasten mit den Händen, etwa bei acht Metern Abstand zur Person spüren. Gleich darauf, die Grenze zur Umhüllung mit dem Gefühlskörper, im Abstand von zwei bis vier Metern, zur betreffenden Person.

Kurz vor dem physischen Körper, werden Sie die letzte Umhüllung einer Auraschicht spüren. Bei Pflanzen ist das Ganze wesentlich enger gefasst, es sind lediglich nur zwei Körper spürbar.

Nach einiger Übung werden Sie die Aura in Etappen wie eine leichte, zarte, membranartige Begrenzung spüren. Manchmal ist es nur ein sehr vages Gefühl, eher der Hauch einer Ahnung. Genauso kann aber auch eine starke Abgrenzung zu spüren sein. Dies ist immer in Abhängigkeit mit dem aussendenden Objekt zu sehen. *Doch wieso kann man das überhaupt spüren,* wird sich jeder neugierige und aufgeklärte Mensch fragen?

Jeder Mensch, jedes Wirbeltier besitzt ein elektromagnetisches Feld, welches in der Lage ist, mit anderen in Verbindung zu treten. Bei den Pflanzen ist dieses Feld anders aufgebaut, doch auch in abgeschwächter Form vorhanden.

Diese elektromagnetischen Frequenzen und Felder sind nun in der Lage miteinander in Verbindung zu treten, genauso wie sie sich abstoßen können. Wenn Sie nun auf die Person/Pflanze zugehen und eine Grenze in Ihrer Hand spüren, erleben Sie das Phänomen des Abstoßens, wie es bei zwei gleich gepolten Seiten eines Magneten ist.

Sollten Sie mit dieser Übung noch keinen Erfolg haben, so wiederholen Sie diese. Reiben Sie dazu im Vorfeld beide Handflächen aneinander. Dadurch wird die elektromagnetische Ladung, der Handflächen, neutralisiert.

Wenn Sie diese Übung erfolgreich absolviert haben, werden Sie genauso in der Lage sein, die Berührung der Engel wahrzunehmen.

Zur Öffnung des Dritten Auges

Die Öffnung des Dritten Auges ist normalerweise ein sich, über Jahre hinweg, ziehender Zustand. Diese Öffnung findet analog, der geistigen Entwicklung, statt. In der heutigen Zeit, etwa seit Beginn der achtziger Jahre, werden immer mehr Seelen geboren, die in ihrer geistigen Reife schon soweit entwickelt sind, dass sich das Dritte Auge schon relativ früh, etwa ab dem zwanzigsten Lebensjahr, öffnet.

Um zu sehen, ob sich Ihr Drittes Auge schon geöffnet hat, sollten Sie sich einen ungestörten Raum suchen und Ihr Gesichtsfeld gegen eine leichte Lichtquelle, wie etwa ein Fenster, richten.

Vorgehensweise:
Konzentrieren Sie Ihre Hingabe auf den Wunsch, diesen Weg, durch das Dritte Auge beschreiten zu dürfen. Bitten Sie Ihre geistigen Führer und Engel um Hilfe bei dieser Reise.

Ist dies geschehen, richten Sie die Aufmerksamkeit in Ihrem Inneren, auf den Punkt zwischen den Augen. Sollte das Dritte Auge bereits geöffnet sein, werden Sie dort einen violetten Fleck wahrnehmen.

Sollte es an dieser Stelle im Inneren noch dunkel bleiben, konzentrieren Sie Ihre Aufmerksamkeit erneut mit Hingabe auf das Dritte Auge.

Nehmen Sie Ihren Atem dabei zur Hilfe, denn der Atem ist ein Träger von Kraft und Aufmerksamkeit. Schließen Sie Ihre Augen und atmen Sie nun tief und langsam ein. Während Sie ausatmen, visualisieren Sie wie Sie sich auf einen Schlitten setzen, welcher durch das langsame Ausatmen immer mehr an Fahrt gewinnt.

Konzentrieren Sie sich nun darauf, einen hellen Punkt in ihrem Inneren zu erblicken. Steuern Sie in ihrer Vorstellung, mit dem immer schneller werdenden Gefährt, darauf zu.

Atmen Sie langsam ein und geben dem Schlitten in ihrer Vorstellungskraft, nach Erblicken des hellen Fleckens in Ihrem Inneren, einen erneuten Schub, durch ein kräftiges Ausatmen. Ihre Augen bleiben während diesem Vorgang geschlossen. Es kann sein, dass Sie dabei ein leichtes Druckgefühl im Bereich des dritten Auges, wahrnehmen.

Manchmal ist auch ein leichtes Knirschen im inneren der Stirn wahrnehmbar. Sollten sich Kopfschmerzen einstellen oder sollte Ihnen schwindlig werden, brechen Sie diese Übung bitte ab. Gönnen Sie sich ein paar Tage Ruhe, bevor Sie erneut versuchen diese magische Öffnung zu durchwandern.

Sofern Sie erfolgreich waren, werden Sie vor sich einen violetten bis blauen Kreis erblicken, der teilweise weiß bis golden, in ungleichmäßigen Facetten gerahmt ist. Jetzt heißt es nur noch mit erneuter Konzentration sowie mit der Schubkraft des Atems dieses Auge, diesen Kreis, zu durchlaufen.

Wenn Sie diese erste Öffnung überschritten haben, befinden Sie sich in einer Art Tunnel, dem Channel. Hinter diesem findet sich die Ebene Ihrer geistigen Entsprechung. Bei einigen wenigen Personen kommt es vor, dass dieses geistige Auge bereits ohne deren Wissen, schon lange geöffnet ist. Dort kann es passieren, dass schon ein kleiner geistiger Impuls ausreicht um diese ohne Anstrengungen, sofort in die geistige Ebene zu versetzen.

Das Channeln

Der Channel ist einer der Wege für mediale Mitteilungen und Wahrnehmungen, von der geistigen Seite hin, in unsere Welt. Wenn Sie die Übungen zur Öffnung des Dritten Auges hinter sich sowie das Licht zwischen den Augen erblickt haben, dann kann es losgehen.

Überlegen Sie, mit wem Sie sich verbinden wollen oder welche Frage Sie in Ihrem Inneren mit sich tragen. Möchten Sie z. B. ihren Meister kennen lernen, so bitten Sie die Engel und ihre geistigen Führer darum, Sie mit dem geistigen Meister bekannt zu machen.

Nachdem Sie sich mit einem Gebet geschützt und die Engel um ihren Beistand gebeten haben, schließen Sie Ihre Augen. Konzentrieren Sie sich auf das Licht und den dahinter liegenden Tunnel, der meistens golden erstrahlt. Nutzen Sie nun erneut die Schubkraft Ihres Atems, um durch den Channel auf der Ihnen, Ihrer Fragestellung und geistiger Reife entsprechenden Ebene zu landen.

Atmen Sie tief und langsam ein, lassen Sie sich mit dem Ausatmen durch den Channel gleiten. Konzentrieren Sie sich dabei auf jede Veränderung vor Ihrem geistigen Auge. Was kommt Ihnen im Tunnel entgegen?

Wählen Sie den lichtesten Weg und suchen Sie nach einer Tür. Wenn Sie diese erreicht haben, nutzen Sie erneut die Kraft des Atems um durch diese Tür, geistig hindurch zu gehen. Schauen Sie sich um. Wo befinden Sie sich? Kommt Ihnen jemand auf dieser Ebene entgegen?

Wenn ja, bleiben Sie stehen und warten Sie darauf, was Ihnen dieses Wesen mitteilen will.

Ist es ein Meister, ein Tier oder nur die Ebene, die Sie mit ihren landschaftlichen Reizen verzaubert? Vielleicht hören Sie sogar eine Stimme, die über das Innere zu Ihnen spricht? Achten Sie auf alles. Seien es unreife Früchte auf dem Weg, eine felsige Landschaft, ein Wolf oder vielleicht sogar der für Sie zuständige Meister. Denn alles, was Ihnen dort widerfährt, hat eine Bedeutung für Ihren Weg.

Die Deutung der Symbole finden Sie auf Seite 79

Meditatives Reisen über das Dritte Auge erleben

Damit diese Reise für Sie ein bereicherndes und den Weg erhellendes Erlebnis wird, sollten Sie als Anfänger, den vorher gegebenen Anweisungen zur Öffnung des Dritten Auges folgen.

Nehmen Sie für die Meditation einen ungestörten und bequemen Platz ein. Rufen Sie darauf, über ein Gebet Ihre geistigen Helfer zu Hilfe. Schließen Sie die Augen und lassen Sie sich von Ihrem fokussierten und visualisierten Wunsch, im Inneren leiten. - Dabei steht am Anfang dieser geistigen Reise, der mit Nachdruck geäußerte Wunsch auf das Ziel dieser Meditationsreise. Das kann ein Blick in die Zukunft sein, wie zum Beispiel der Blick auf einen zu erreichenden Prüfungsabschluss oder eine Partnerschaft.

Trotz der Fokussierung ihres Ziels, werden Sie nach einiger Übung folgendes erleben: Egal, wie Sie versuchen, das geistige Bild zu formen, Sie werden nicht mehr in der Lage sein, dieses Bild zu halten oder gar zu steuern. Eventuell kommen Sie sogar auf einer ganz anderen Ebene an.

Was passiert da in Ihrem Inneren?
Zum Zeitpunkt des Bildwandels, wo keine geistige Steuerung Ihrerseits mehr funktioniert, haben Ihre geistigen Helfer die Kontrolle und Leitung Ihrer Meditationsreise bereits übernommen. Sie haben hier jedoch immer noch den freien Willen, Einwände in Ihrem Inneren zu äußern oder die geistige Reise zu unterbrechen.

Unser Tagesbewusstsein verknüpft sich während dieser Meditationsreise mit der für uns unsichtbaren Frequenz, der anderen Seite. Das, was Sie über diese Reise erfahren, ist *die Realität* der anderen Seite.

Von den zuständigen geistigen Helfern werden Sie hierbei zuerst an einen Ort aus Vergangenheit oder Zukunft geführt werden. Einen Ort, der Ihr momentanes Leben im *Jetzt* am meisten geprägt hat. Dies kann der Zeitpunkt einer Blockierung von vor 100 Jahren sein, welche in Ihrem Leben immer noch vorhanden ist. Genauso kann es sein das Ihnen Botschaften, über den zukünftigen Verlauf eines Wunsches, offenbart werden. Ein Wunsch welcher verknüpft mit Frequenzen aus der Zukunft, jetzt schon Einfluss auf Ihr Leben *im Jetzt* nimmt.

Bevor Sie sich auf eine selbst inszenierte Meditationsreise mit innerem Ziel begeben wäre es vorteilhaft, wenn Sie erst die unten aufgeführte Meditation zur Übung durchlaufen. Beginnen Sie erst nach ausführlicher Einprägung des Textes, oder mit einer von Ihnen aufgezeichneten Version, der geistigen Reise.

Den unten vorgegebenen Text für die Meditation sollten Sie mehrmals durchlesen oder gegebenenfalls auf ein Medium, wie einen Mp3-Player, sprechen.

Die Version der geführten Meditation

Folgen Sie den oben aufgeführten Anweisungen, zu einer Gebetsmeditation über das Dritte Auge. Folgen Sie mit geschlossenen Augen dem kleinen Lichtpunkt in Ihrem Inneren. Versuchen Sie nun durch den sichtbaren Lichtkreis hindurch zu treten um auf den in der Meditationsebene angegebenen Strand zu gelangen. Sollten Sie es nicht schaffen durch den Lichtpunkt hindurch zu gehen, stellen Sie sich diesen imaginären Strand in Ihrem Inneren einfach vor.

Sie finden sich in einem warmen und hellen Licht wieder. Betreten Sie nun Ihr inneres Bild. Schauen Sie sich um. Um Sie herum ist alles frei. Nichts versperrt den Blick. Sie stehen auf einem sandigen, mit leichtem Grün, bewachsenen Hügel. Sie können im Hintergrund das Meer und davor einen breiten, goldkörnigen Sandstrand erkennen. Nehmen Sie den Weg aus Naturstein, hinunter an diesen herrlichen Strand. Dort angekommen schauen Sie sich erneut um. Klares, grünblau schimmerndes Wasser liegt vor Ihnen.

Ganz sacht plätschern die Wellen an den Strand. Dabei entdecken Sie all die Kleinigkeiten, die das Meer an den Strand gespült hat. Achten Sie auf alle Einzelheiten wie eine schöne Muschel oder angeschwemmtes Holz. Spüren Sie die Wärme der Sonne auf Ihrer Haut?

Gehen Sie nun langsam ins Wasser und fühlen Sie, wie die Wellen Ihre Füße und Beine umplätschern. Wenn Ihnen danach zumute ist, dann lassen Sie sich weiter in das klare Wasser gleiten. Spüren Sie dabei die Lebendigkeit der Wellen um sich. Und wenn Sie das Verlangen verspüren, schwimmen Sie hinaus in die Freiheit, des offenen Meeres.

Die beste Methode, um Ihren Körper ganz zu entspannen ist, nicht nur zu visualisieren sondern die Schwimmbewegungen auch tatsächlich, in der Luft, nach zu vollziehen.

Erleben Sie dabei die sanfte Erfrischung des Wassers in Ihrem Inneren. Prägen Sie sich die Farben des Meeres und seiner Umgebung ein als wenn sie real wären.

So können Sie in den Genuss einer Entspannung sowie gleichzeitig einer energetischen Bereicherung, für Körper und Geist, gelangen.

Schwimmen Sie zum Strand zurück und spüren Sie die Leichtigkeit, von den Wellen getragen zu werden. Ganz leicht setzen diese Sie am Strand ab. Wenden Sie ihren Blick in Richtung des Hinterlands. Eine kleine, helle Felswand versperrt Ihnen den Zugang zum hinteren Land. Gestärkt durch das Bad im Meer wird nun Ihr Interesse an einer Kletterpartie geweckt.

Entdecken Sie, wie Sie den vor Ihnen liegenden Felsen am besten erklimmen können. Ist dort jemand, der Ihnen helfend die Hand reicht oder finden Sie eine Treppe, die in den Felsen gehauen ist? Schauen Sie sich um, es ist ganz leicht in die Höhe zu kommen und sich Überblick zu verschaffen.

Sind Sie oben auf dem Felsen angekommen, können Sie einen Eingang im Fels erkennen? Sie können Licht im Inneren erkennen und hören das Plätschern von Wasser. Ein überdachtes natürliches Plateau, mit einer sprudelnden Felsquelle, liegt vor Ihnen. Gehen Sie im Geiste auf diese Quelle zu und stellen Sie sich darunter. Duschen Sie Sand und Salz von Ihrer Haut. Spüren Sie das kristallklare Wasser über Ihren Körper rauschen? Kosten Sie von diesem sprudelnden Nass.

Strecken Sie nun die Arme nach oben und stellen Sie sich vor wie Sie das Wasser, mit Ihren Händen, auffangen. Waschen Sie sich mit diesem sprudelnden Wasser. Spüren Sie, wie das Wasser Ihren Körper reinigt. Fühlen Sie es!

Wenn Sie damit fertig sind, schauen Sie nach einem Weg der weiter nach oben führt. - Gelingt Ihnen dies nicht, bitten Sie Ihre geistigen Führer und Engel um Hilfe. - Warten Sie bis Sie etwas entdecken, das Sie voranbringt oder Ihnen vielleicht ein Gefährte an die Seite gestellt wird, der Ihnen weiterhilft.

Wo sind Sie jetzt? Stehen Sie schon in der Helligkeit oder müssen Sie noch durch einen Tunnel, um nach oben zu gelangen? In diesem Fall, wählen Sie im Tunnel immer den helleren Weg. Bitten Sie um Führung um zu dem geheimnisvollen Ort zu gelangen, welcher das regenerierende Licht birgt.

Wenn sie an diesem hellen und weit oben liegendem Platz angekommen sind, sollten Sie sich geborgen fühlen. Suchen Sie sich einen angenehmen Platz, welcher Sie in helles Licht taucht. Dort angekommen, bitten Sie um die regenerierenden, allwissenden Strahlen des Lichts. Sehen Sie nun, wie regenbogenfarbige Strahlen vom Himmel herab, den ausgewählten Platz ansteuern.

Spüren Sie wie das Licht, in all seinen farbigen Strahlen, gleich darauf ihren Körper durchdringt. Genießen Sie dieses durchflutende Gefühl und schauen Sie sich dabei, die vor Ihnen liegenden Schönheiten der Natur an. Verweilen Sie so eine ganze Weile bis Sie bereit sind, wieder ins Tagesbewusstsein zurückzukehren.

Wenn Ihre Visualisierung in der Meditation stark genug ist, können Sie das Prickeln der geistig aufgenommenen Strahlen wahrnehmen. Genauso werden Sie sich spürbar erfrischt fühlen. Schauen Sie sich im Spiegel an! Sie sollten ein sichtbar regeneriertes Selbst, erblicken.

Natürlich kann es sein, dass diese geistige Reise, nicht wie erwartet, zu einem lichten Ergebnis führt. Dann sollten Sie die Übungen zur Öffnung des Dritten Auges wiederholen.

Diverse Gebete:

Bittgebete, Hilfsgebete bei Krankheit und anderen Sorgen

Mit diesen Gebeten können Sie sich Ihrer geistigen Führung öffnen um ihren Schutz zu erhalten. Genauso helfen diese Gebete, Befreiung von Blockierungen zu erlangen.

Bittgebete um Abnahme diverser Lasten:
Herr, hilf mir, eine Lösung für meine Situation zu finden. Denn du kennst den Weg und die Lösung. Ich danke dir für deine Hilfe – Amen.

*

Herr Jesus Christus, hiermit lege ich all meine Sorgen, Lasten und Kummer vor deine Füße (visualisieren Sie die Abgabe). *Herr, trage du dies für mich, denn ich kann es allein nicht tragen. Löse es auf und wandle es um, so dass es sich in Licht und Liebe, Kraft und Glück verwandelt – Amen.*

*

*Große Dreieinigkeit und all ihr Engel, ich bitte darum. Erhöret mich. So es in der Ordnung Gottes und seines Sohnes Jesu Christi sein darf, erbitte ich für mich (*oder den Namen des Betreffenden*) Licht, Liebe, Kraft und Gesundheit für Körper, Geist und Seele – Amen.*

*

Herr, wandle alle Schwäche um in Kraft, indem du mit deiner Strahlung die Menschheit hell erleuchtest und die Dunkelheit auflöst (visualisieren Sie das Licht über Ihrem Körper oder dem der betreffenden Person/en). *– Amen.*

*

Herr, ich bitte dich, trage du diese Krankheit, denn ich kann es nicht mehr. Befreie (den Namen) *von dieser Krankheit, denn dieses gehört nicht zu (*mir, ihm, ihr*).* Und danach: *So sei es, wenn es in der Ordnung Gottes und des Wortes Jesus Christus sein darf – Amen.*

*

Dies sind nur einige vorgefasste Gebete. Genauso können Sie auch ein individuell gesprochenes, spezielles Gebet für sich und Ihre Situation verwenden wie:

Geliebter Vater, geliebte Engel aus der Ordnung Gottes, hiermit bitte ich darum, dass es eine Lösung gibt für (folgende Person), *dass (er oder sie oder es …) Heilung erlangt, dass eine neue und passende Arbeitsstelle zur Verfügung gestellt wird* etc. *so es in der Ordnung Gottes und des Wortes Jesu Christi sein darf.*
Herr Dein Wille geschehe, danke – Amen.

*

Für eine Verbesserung des Lebens auf diesem Planeten:

Geliebter Vater und helfende Engel, hiermit bitte ich um euer Licht, eure Strahlen der Erkenntnis, um Liebe und Wandlung zu Harmonie und Frieden. Ich bitte um die heilenden und schützenden Lichtstrahlen für diesen Planeten Erde mit all seinen Tieren, den Pflanzen sowie für diese Menschheit.

Herr, gib` uns das Wissen und die Kraft, diesen Planeten zu regenerieren und zu halten, die Meere und den Boden zu entlasten. Hilf uns, dem Boden immer wieder die Kraft zu geben, uns weiterhin mit reichen Ernten zu versorgen. Ich danke für all die Fürsorge, Weisheit und den Schutz –
Amen.

*

Des weiteren gibt es die Gebete um Führung und Leitung, die man jeden Tag sprechen sollte. Diese Bitten, gestützt durch die Hilfe der Engel, bringen Führung auf den richtigen Weg. Über unseren Geist werden neue Möglichkeiten offenbar und unsichtbare Fäden mit unserer Umwelt gezogen.

Ein Führungsgebet ist:
Hiermit bitte ich für (Name), *und alle Menschen um göttliche Wegführung, die ich in meinem Geist mit mir führe.*

Leite und führe unseren Weg, den Weg zu unserem Ziel. Hilf mir/uns alle Steine aus dem Weg zu räumen. Gib mir/uns Licht, Liebe, Kraft und Erkenntnis, um in deinem göttlichen Sinne dieses Leben zu meistern – Amen.

*

Schutzgebete: Zum Abschluss jeder Meditation, aller Gebete, ist es ganz wichtig ein Schutzgebet sowie ein Dankgebet zu sprechen, wie:
Vater, ich bitte dich, schütze und behüte mich, leg' deine reinen weißen Strahlen über mich, auf dass ich geschützt sei, heute und ewiglich – Amen.

*

Oder das Gebet des heiligen St. Patrick:

Christus (oder auch Herr Jesus, Namen des persönlichen Meisters) *in mir, Christus unter mir, Christus über mir, Christus zu meiner Rechten, Christus zu Linken, Christus, wenn ich liege, Christus wenn ich sitze, Christus, wenn ich stehe. Christus in jedem, der an mich denkt. Christus in jedem, der von mir spricht. Christus in jedem Auge, das mich sieht, Christus in jedem Ohr, das mich hört –*

Herr, in Deine Hände lege ich meinen Körper, meinen Geist und meine Seele. - Amen.

Dieses Gebet mit Visualisierung eignet sich hervorragend als Schutzgebet. Aber es gibt natürlich auch die Möglichkeit, sich einfach nur visionär unter einen weißen oder goldenen Schleier zu begeben, welcher den ganzen Körper abdeckt und schützt. Nichts kann dann, bis zur nächsten emotionalen Veränderung, an Ihre Seele herankommen.

Die Wahrheit und der Sinn dieser Bitten sind für den Außenstehenden meist erst dann geistig zu erfassen, wenn er diese meditativen und visualisierten Bitten selber praktiziert hat.

Dankgebete

Dankgebete sind sehr wichtig. Denn schließlich wollen Sie ja nicht nur nehmen. Denn Nehmen und Geben gehören eng zusammen. Dabei sollte ein Dankgebet nicht nur gesprochen sondern innerlich gesehen werden.

Ein sehr bekanntes Dankgebet wäre da:
Vater im Himmel, wir danken dir von ganzem Herzen für all' deine Liebe, Gnade und Barmherzigkeit. Wir danken dir für unser Leben, für unsere Existenz.

Wir danken dir für alles Gute und Schöne in diesem und im anderen Leben und für deine wunderbare Schöpfung im ganzen Universum. Wir danken dir für unsere Führung, für unseren Schutz, für unsere Belehrung und deine allumfassende, wunderbare Liebe – Amen.

Analysieren Sie nach ein paar Wochen praktischer Übung:

Wenn Sie sich und Ihr Umfeld nach ein paar Wochen Führungs- oder Hilfsgebet beobachten, werden Sie sicherlich erstaunliche Wandlungen feststellen. Wie verhält sich Ihr Umfeld Ihnen gegenüber?
Liebenswürdig oder gar gegenteilig? Und wie verhält es sich, nachdem Sie diese Gebete gesprochen haben? Ihr Umfeld wird anders auf Sie zukommen, so dass dabei eine Gabelung des Weges zu erkennen sein wird. Ein Teil des bisherigen Personenkreises wird nicht mehr die bisherige Anziehungskraft auf Sie ausüben und umgekehrt. Ein neuer Personenkreis, der Ihnen wohl gesonnen ist und neue Wege öffnet, wird Ihnen nach und nach begegnen.

* * *

Schlusswort:

Mir bleibt hier nicht mehr viel zu sagen, denn die Taten der Engel, sprechen für sich. Und auch wenn Ihnen die Ausführung zur Kontaktierung der Engel erst etwas schwierig oder gar unglaubwürdig erscheint, bleibt doch nach erfolgreicher Verbindungsaufnahme die lange bekannte Erkenntnis:

Werdet wie die Kinder….seid neugierig und offen für Neues, so wie es auch schon in der Bibel geschrieben steht unter Jesu Worte:

Wahrlich, ich sage euch: Wenn ihr nicht umkehrt und werdet wie die Kinder, so werdet ihr nicht ins Himmelreich kommen.
Matthäus 18,3

Hier heißt es, in Einfachheit und mit Liebe der inneren Intuition zu folgen. Erst dann werden die Engel sich offenbaren und erkenntlich zeigen. Dies geschieht, indem diese Lichtwesen, dem Gedanken unserer Aufmerksamkeit folgen um die für unser Leben notwendigen Schritte auf den Lebensplan zu bringen.

Ich wünsche jedem Leser viele beglückende Momente des Lebens, durch das Erwachen eines neuen Bewusstseins, im Umgang mit den „Freunden" aus der geistigen Welt.

***

Empfangen durch Jakob Lorber:

Meinen Geist werde Ich über jeden ausgießen
in der Fülle, der an mich lebendig glauben
und mich lieben wird,
und dieser Geist wird ihn in alle Weisheit
und Wahrheit leiten

Gr.Ev. Bd.9,184,aus Jesus Worte

Die aber zu mir „Herr, Herr!" rufen, ihre Hauptsorge aber
nur weltlichen Dingen zuwenden und nur nebenbei
nach dem, was des Reiches Gottes ist, trachten
werden, zu denen werde Ich sagen:" Was rufet ihr
Weltlinge mich, und was schreiet ihr?

Mein Herz hat euch noch nicht erkannt.
Um was ihr euch sorget, das bringe
Euch die von euch gewünschte Hilfe!"

Gr.Ev.Bd.9,57, aus Jesus Worte

Glossar:

Aura:

Unser Körper ist umgeben von einer mehrschichtigen, feinstofflichen Hülle, die dem physischen Körper angepasst ist und auch als Astralkörper oder bioenergetischer Körper bezeichnet wird.

Chakren:

Feinstoffliche, also nicht sichtbare, aber spürbare Energiekanäle des Körpers, durch welche wir bewusst feinstoffliche Energien wie Licht und Gefühle absorbieren und auch ausscheiden können.

Nach der indischen Chakrenlehre haben wir sieben Haupt- sowie diverse Nebenchakren. Diese Energiekanäle reichen durch alle unsere drei Körper hindurch und verbinden uns mit den kosmischen Energie, dem Prana.

Geist:

Unser Geist ist der Sitz unserer Intelligenz, aber damit nicht genug. Geist ist ätherische und übergreifende Energie, welche Intelligenz erst möglich macht. Durch diese geistig ätherische Energie können wir uns durch Liebe und Intention mit dem Überbewusstsein verbinden. Dies hat die Übersicht über unsere anderen ätherischen Körper, wie dem Mentalkörper und dem Emotional- oder Gefühlskörper. Genauso ist das Überbewusstsein mit dem morphogenetischen Feld der Erde verbunden.

Dies ist ein Feld, welches das momentane Bewusstsein der Erde speichert und Verteilerfunktion für geöffnete Wesen hat. Und erst unser Geist macht diese Verbindung möglich und kann dann die Impulse, die dieser erhält, über die verschiedenen Bereiche des Hirns zu verarbeiten und an Seele und Blut weitergeben.

Geistige Gesetze:

Es sind die ewig gültigen, nicht in einem Gesetzbuch, sondern in jeder Seele tief verankerten Gesetze, welche von wahrer Liebe allen Kreaturen gegenüber Wahrhaftigkeit und Gerechtigkeit sprechen.

Sollten diese Gesetze nicht beachtet werden, und wir agieren mit dem Gegenteil anstatt nach einer Lösung zu suchen, werden wir ernten, was wir säen. Empfehlenswerte Lektüre hierzu.
Die Saat die ihr säet, werdet ihr ernten. El Morya

Geistiges Heilen:

Wird als heilen durch Energie, Kraft des Geistes in Verbindung mit einer hohen Instanz, seien es Engel oder eine kosmische Energie, sowie aufgrund der Verbindung mit Erdstrahlen, kosmischen Strahlen, durch ein Gebet, ein Ritual usw., bezeichnet.

Intuition:

Ist die innere Stimme, die für den geistig Gereiften eine Verbindung zum hohen Selbst, und damit zur geistig hohen Ebene darstellt.

Karma / Karmische Gesetze:

Es wird auch das Gesetz der Erneuerung genannt und ist der immer wiederkehrende Kreislauf von Tod und Geburt, bis Seele und Geist wie ein Diamant über die Erkenntnisse und Leiden vieler Leben hinweg zur Vollkommenheit geschliffen und damit die geistigen Gesetze in Ihnen aufgegangen sind.

Erst jetzt kann der Kreislauf durchbrochen werden. Bei den karmischen Gesetzen geht es um den Ausgleich für von uns getätigten Handlungen, gesprochenen Worte und Gedanken, um Erfüllung und Ausgleich im Bezug zu den zu uns stehenden Seelen.

Kosmische Mutter:
Ein anderer Begriff für höchste Instanz, Vater unser, allmächtiger Geist, großer Logos, universelles Licht und mehr.

Lebensmatrix:
Die für ein Erdenleben vorgegebenen Wege der menschlichen Seele sind mit all ihren Wünschen und karmischen Begegnungen sowie vorgegebenen wichtigen Erfahrungen, sind eingeschrieben in ein großes Netzwerk. Dieses Netz, diese Matrix, auch bezeichnet als morphogenetisches Feld, beinhaltet alle von Möglichkeiten von Gegenwart und Zukunft. Genauso eröffnet diese Lebensmatrix einem bewussten Geist, die Veränderung ihrer Struktur. Damit können neue Optionen zugefügt werden.

Matrix: Siehe Lebensmatrix

Morphogenetisches Feld:
Es wird in Wikipedia folgendermaßen beschrieben: Als **morphisches Feld** (engl. morphic field), ursprünglich auch als **morphogenetisches Feld**, bezeichnete der britische Biologe Rupert Sheldrake ein hypothetisches Feld, das als formbildende Verursachung für die Entwicklung von Strukturen sowohl in der Biologie, Physik, Chemie, aber auch in der Gesellschaft verantwortlich sein soll.

Von der großen Mehrheit der Naturwissenschaftler wird die Hypothese als pseudowissenschaftlich abgelehnt, eine Minderheit fordert die wissenschaftliche Überprüfung der Hypothese. Auch einige Vertreter der Sozialwissenschaften und der Gestalttherapie haben die Hypothese ernsthaft diskutiert.

Der in der Entwicklungsbiologie verwendete Begriff des morphogenetischen Feldes ist nicht identisch mit den von Sheldrake angenommenen Feldern.

Mystik:
Bedeutet, etwas zu beobachten, dass sich wandelt, was aber nicht mit physikalischen oder naturwissenschaftlichen Methoden zu begreifen und erklären ist.

Om namaha Shivaya:
Ist ein uraltes Mantra, was soviel bedeutet wie *Herr dein Wille geschehe*. Dieses Mantra, mit Intention gesprochen, bietet Schutz und hilft bei der Auflösung einer schwierigen Situation.

Quantenphysik:
wird laut Wikipedia beschrieben: Die Quantenmechanik ist eine der Hauptsäulen der modernen Physik und bildet die Grundlage für viele ihrer Teilgebiete, so zum Beispiel für die Atomphysik, die Festkörperphysik und die Kern- und Elementarteilchenphysik, aber auch für verwandte Wissenschaften wie die Quantenchemie.

Während sich die klassische Physik als ungeeignet zur Beschreibung der Eigenschaften sehr kleiner Systeme erwiesen hat, erlaubt die Quantenmechanik die sehr präzise Berechnung der physikalischen Eigenschaften von Atomen, Molekülen, Festkörpern und einfachen biologischen

Systemen. Ihre praktische Anwendbarkeit ist dabei nur durch die zu den erforderlichen Rechnungen verfügbare Rechnerleistung begrenzt.

Die Quantenmechanik unterscheidet sich nicht nur in ihrer mathematischen Struktur grundlegend von der klassischen Physik. Sie scheint auch einigen Prinzipien zu widersprechen, die in der klassischen Physik als fundamental und selbstverständlich angesehen werden.
Zur Deutung der Theorie wurde eine Reihe verschiedener Interpretationen entwickelt.

Schwingungen des Lichts:
Licht bewegt sich je nach Farbe und damit Photonenzusammensetzung in unterschiedlicher Schwingung.

subtil:
fein, zart; scharfsinnig; spitzfindig

Vision:
Als Vision erlebe ich die inneren Bilder oder Filme, die mir nach kurzer Anrufung an die geistig hohe Welt als Antwort auf eine innere Frage gegeben werden. Aber bei sehr empfindlichen oder belasteten Personen können sich
auch ohne Anrufung urplötzlich Bilder vor die eigene Wahrnehmung drängen, ohne dass diese etwas mit dem momentanen Tagesgeschehen oder einer Frage zu tun haben.

visualisieren:
Die eigene Vorstellungskraft benutzen und den Gegenstand, das gefragte Objekt in einen Focus (Mittelpunkt) setzen und mit Intention daran arbeiten.

Voodoo, Voodoolösung, entnommen bei Wikipedia:

Voodoo ist eine (kreolische) Religion, die hauptsächlich auf Haiti, Afrika und Teilen Amerikas beheimatet ist. Die Religion ist in westlichen Ländern
vor allem durch Opferdarbringungen und vermeintliche Praktizierung schwarzer Magie bekannt.

Durch die Sklaverei kam der Glaube auf die Westindischen Inseln, Elemente anderer Religionen wurden aufgenommen.

* * *

Quellenverzeichnis:

Die Geisteskräfte des Menschen, 1. Teil 1991, Liga für parapsychologische Forschung, Krummgasse 14/22, 1030 Wien, Das Dritte Aug, Pinealdrüse

Das Neue Testament von Johannes Greber, Herausgeber: Greber Kreis Ungarn, Recherche zur weißen Stadt Shamballah, Bibelvers

Jesus Worte zur Meditation empfangen durch Jakob Lorber, Herausgeber Lorber Verlag, ISBN-3-87495-080-8 S.108 u.109

Wikipedia, Freie Enzyklopädie:
Die Bibel, Recherche der Engelshierarchien, Der Baum des Lebens, Quantenphysik, Morphogenetische Felder, Vodoo